也许微乎其微，
但我们正在改变世界！

改革不容拖延

Urgent Reform

中国崛起的历史性抉择

郭熙元 著

图书在版编目（CIP）数据

改革不容拖延：中国崛起的历史性抉择 / 郭熙元著.
北京：中国发展出版社，2014. 8

ISBN 978-7-5177-0206-1

Ⅰ. ①改… Ⅱ. ①郭… Ⅲ. ①中国经济—经济体制改革—研究 Ⅳ. ①F121

中国版本图书馆CIP数据核字（2014）第162138号

书　　名：改革不容拖延：中国崛起的历史性抉择
著作责任者：郭熙元
出 版 发 行：中国发展出版社
（北京市西城区百万庄大街16号8层　100037）
标 准 书 号：ISBN 978-7-5177-0206-1
经　销　者：各地新华书店
印　刷　者：三河市东方印刷有限公司
开　　本：720mm × 960mm　1/16
印　　张：18.5
字　　数：230千字
版　　次：2014 年 8 月第 1 版
印　　次：2014 年 8 月第 1 次印刷
定　　价：42.00元
联 系 电 话：（010）68990646　68990692
购 书 热 线：（010）68990682　68990686
网 络 订 购：http：//zgfzcbs.tmall.com//
网 购 电 话：（010）68990639　88333349
本 社 网 址：http：//www.develpress.com.cn
电 子 邮 件：cheerfulreading@sina.com

序言
Preface

20世纪对于中国来讲，变化之大，变化之激烈，是历史上任何时期都不曾有过的。绵延两千年的帝制崩殂，走向现代文明成为中华民族的历史性抉择。百年探寻中，从清王朝的谢幕到提倡“三民主义”之民国建立，从保家卫国的抗日战争，到1949年的新中国成立，从以阶级斗争为纲的集体迷失，到以市场经济建设为核心的改革开放，波澜起伏，惊心动魄！在这一百年里，有共抗暴秦般的同仇敌忾，有楚汉争雄般的同根反目；有春秋战国般的军阀混战，有焚书坑儒般的腥雨杀戮。硝烟弥漫着这个国度，热血染红了这片沃土。几代国人的爱恨情仇都凝聚在这百年的沧桑里，定格在永远无法追回的岁月中！

百年的探索和积淀，写就了一部厚重的书，翻开来，看到的不仅仅是过往时空之悲喜，充盈其间的，亦有与命运抗争的顽强毅力，与希望长存的美好愿望。这片饱经风霜的土地上所蕴含的能量与智慧，带给我们日新月异的祖国容颜。然而伴随着巨变的同时，我们的脚步依旧沉重，累累旧伤未愈，却走在不时会带来新伤的荆棘路上。慈祥且善良的祖国母亲，宽容于孩子们的无知和放肆，又不断地给予其改变自身的力量和勇气。

改革开放以来，我们取得了令世人瞩目的成就。单就经济而言，保持了年均10%左右的快速增长，在经济总量上已经跃升为全球第二大经济体，且已荣获“世界工厂”的美誉，Made in China在全球范围内随处可见，让国人游走于琳琅满目的国外商厦时，有种久违的民族自豪感。但同时，光鲜的成绩下面，蕴含着很多亟待解决的问题：贫富差距的拉大，越来越成为我们经济继续快速发展的瓶颈，成为社会平稳和谐发展的障碍；环境的持续恶化，着实损害了民众的生活质量，进而无情地考验着其健康底线；依然受管制的金融行业，愈发固化了本不合理的资金流向，以至于民间借贷泛滥，高利贷盛行，风险急速累积。特别是挑战着我们以往发展模式的悬殊且不公的贫富现实，是对“一片土地、两种生活”这一“一国两制”生存现状的最真实反映。当一些人仰仗钱权大肆进行海外并购、奢建摩天大楼之际，一些为国家之伟大复兴而贡献青春的年轻人则“蚁居”于社会边缘一隅，一些山区的家庭由于贫困，致使孩子早早辍学而面朝黄土背朝天，继续着父辈以来的宿命。

当权力及财富越来越集中在少数人手里，法律、制度、政策、金钱等均义无反顾地向权贵阶层倾斜时，这个社会的确需要停下脚步来进行疗伤。当疾病渗入社会肌理乃至骨髓，社会发展只能是空中楼阁，成为一种奢想。

不公的生存现实，拖住了我们前进的脚步，扭曲了我们前进的方向。两个阶层在不断地远离且相互博弈，维系彼此间的社会纽带已经越绷越紧，从而加深了彼此的矛盾。改革正是在这样的背景下再一次地被推向了时代的风口浪尖。改革的呼声，既是对庙堂之高的质问和挑战，又是对江湖之远的同情与忧思。遥想1978年的改革开放，我们从阶级斗争转向了经济建设为中心，从而为我国迈入现代化快车道打开了那扇尘封已久的门。那么今天，我们更需要当时的勇气和魄力，更需要为了长期的发展而承受短期疼痛的坚忍。不如此，就如温总理的一句话：改革的成果将会得而复失！我们应当做的便是，接续过去30多年的火种点亮未来，以完成未竟的改革拼图。

纵观中国历朝历代，其中不乏各式改革，往往是成则中兴，败则倾额。成功的改革，必须是遵循社会发展规律，以民众的利益为出发，驱除“戾气”，革除“鬼神”。诚然，改革也是一把双刃剑，有其一定的风险，这就需要真正地认清当前我国发展过程中所面临的各种问题，明确改革的方向和方法，不被改革的阻碍者们以改革之名窃取改革之果。一些特殊利益者们，以公权力作为背景，对自然资源以及社会资源“虎踞龙盘”，且收买专家为其劣迹辩护，制造话语权。当不公渗透至社会肌理，成为一种无形的运行规则的时候，改革已迫在眉睫。时至目前，我们从世界大的走势看到，改革脚步已经由远及近，且气如长虹，迫使那些死守自身不当利益的权贵们心存恐惧，阻碍社会发展的势力终究不能长久，必将得到历史的公正审判。想来，这也是社会文明进程不可阻挡的趋势。

这是一个需要理智的时代，也是一个需要勇气的时代，更是一个需要远见的时代。笔者认为，我们的视角和思绪不妨回到20世纪初，当时那些振聋发聩的忧国忧民之音，可以令我们今昔对比，更加客观地看待当下。现在来看，胡适的观点其实更为真诚，更具前瞻。他说，中国如要真正地在国际舞台上被尊重，必须营造一个治安的、繁荣的、现代的国家。其中现代的国家就包括现代的政治制度、司法制度、经济制度等。

我们的敌人不是被一些人虚构的封建阶级，也不是被一些人鼓吹的资产阶级，而应该是贫穷、愚昧、疾病、贪污、扰乱这五个大敌。与其用阶级仇恨的方式，采取以暴制暴来改变中国，不如万众一心，共同面对这五大敌人，真正实现国家富强，从而屹立于现代文明国家之林。

作者

2014年6月

目录
Contents

利率市场化将会使当前的金融体系重新洗牌，而由此带来的利益分配矫正，将会冲击现有利率体制下的既得利益群体，这些富有的、握权的既得利益者，是利率市场化的真正阻力。

就金融创新而言，创新意味着惠民，惠民则意味着生命力。所以，尽管市场上的互联网金融创新产品对传统金融企业构成的压力或将导致其发展路途并非平坦，但是金融领域的创新之路已经不可扭转。不论类似于余额宝的产品未来之路如何，突破传统的金融壁垒，使得大众真正地从中受益，是我们共同期待和可以看到的未来！

我国利率市场化改革正在推进过程中，大部分利率已经放开了，一部分利率仍然管制，这就必然形成利率双轨制，市场上也必然存在利率洼地和利率高地。金融机构热衷于从利率洼地融资，投资利率高地的产品，从而赚取利差。赚取利差成了这几年金融机构增长最快的收入来源。

“影子银行”是在我国存贷利率受管制之下，金融各业从事制度套利，赚取息差的必然结果，是行业发展与政府限制相互博弈的最终体现。

城乡二元对立的户籍制度是留在中国人尤其是中国农民身上带有

明显歧视色彩的烙印。客观地讲，传统户籍制度对于计划经济背景下维护社会稳定和确保农业基础地位等需要，确实起到了“铁篱笆”似的重要作用。然而，随着市场经济的发展，滥觞于农业社会和计划经济的传统户籍制度已经明显不适应时代的需要。

第7章　房地产探究　/143

在我国的房价构成中存在多个利益体，开发商、地方政府、银行、媒体形成一条“泡沫”制造链，从拍卖土地价高者得、虚假宣传误导消费、囤积居奇哄抬房价、高息放贷加重成本等方面，将房价不断推高，以攫取更大价值。正是在这样的模式下，更多的货币被催生出来，而过量的货币进一步推升房价。利益体在这样的饕餮盛宴中，享受着利润共享的狂欢。

第8章　贫富差距的根源　/165

收入差距的存在，是市场经济环境下的必然现象。但是，分配的不公，则是对市场经济下公平竞争本质的亵渎。利益集团的存在，不仅与社会的大发展背道而驰，也进一步依靠不平等的特权，向政治领域渗透，从而形成恶性循环，与民众的利益相悖，成为社会健康发展的巨大阻力。

第1章
重识改革

Urgent Reform

改革的本质须以大多数人的利益为出发点，通过制度的设计、法律的完善等措施来防止权力和利益的直接挂钩，杜绝寻租、设租温床的滋生，在权力的监督、制衡中实现社会的良性运行。

改革的路径便是限制和去除少数人不正当的利益来源，真正地惠及多数人，将权力者为自己谋利益转变为为民众谋利益，在彼此的权利和义务上真正地实现对等，以实现社会的公平与和谐。

改革自古以来，都是一个牵动人们心弦的话题。历史上的数次变法，即所谓的改革，不论侧重点有何不同，均是对不合理体制的击打和拷问，对不甚公平的利益分配的熨平，也是社会良知对合理社会的孜孜追求。

历史长河千回百转，而改革仿似其间的一股股激流，推动着“这条河”越过暗礁，渡过险滩，虽则少不了惊涛拍岸，而最终经过“磨难”，方迎来汇入大海的宽广与平静。

说起改革，则需从对我们影响深远的1978年开始谈起。这个特殊且值得纪念的年份，时至今日已经30年有余。1978年12月18日至22日，党的十一届三中全会召开，决定停止使用“以阶级斗争为纲”的错误口号，把工作重点转移到社会主义现代化建设上来，同时实行改革开放的政策，揭开了我们建国后历史的新篇章。在这30多年里，中国如同一个巨大的试验场，“摸着石头过河”、“黑猫白猫，抓住老鼠就是好猫”等理念，在很大程度上，释放了社会的创新力量。僵化的计划经济体制日渐瓦解，以不可逆转的姿态向市场经济体制转轨。

还是1978年，这年冬夜，安徽凤阳小岗村18人按下血手印，实行“包产到户”，一时惊天动地。从偷偷摸摸到得到肯定，安徽凤阳小岗村人在几年内迅速“冒尖儿”。

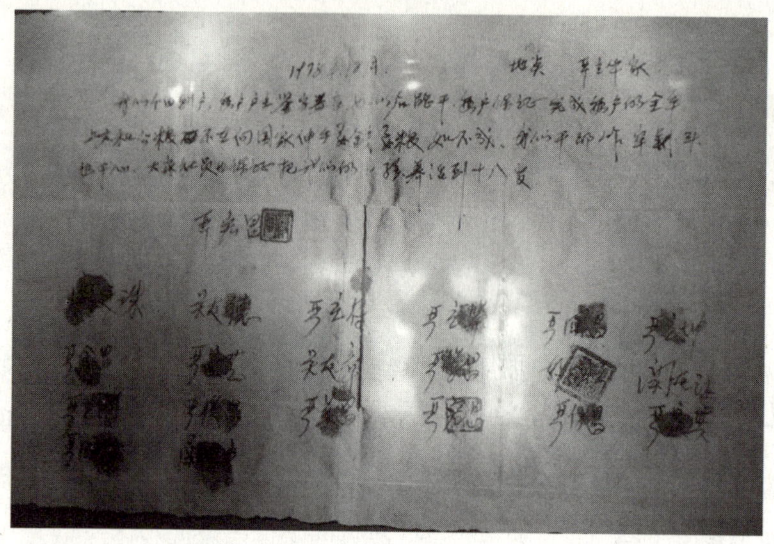

小岗村18位农民按下红手印的“包产到户”契约（图片来源：新华网）

包产到户最初叫家庭联产承包责任制，是以农户为单位负责完成整个农业生产周期内的全部生产任务，劳动的最终成果和承包户的经济利益联系得比较直接，因此有利于改进技术，提高产量，促进生产的发展。

随后，这种模式在全国广大农村推广开来，揭开了中国农村改革的序幕。这一年，农村改革初见成效，丰收的农产品需要交换城市的生产资料，所以迫切要求城市僵化的生产方式进行相应的改革。但是城市国企还是老的体制，政企不分，条块分割，平均主义，严重影响企业的自主权，已经无法适应时代发展的需要。

1984年10月，党的十二届三中全会提出有计划的商品经济的概念，在计划与市场的关系上有了重大突破。从此进入以国企改革为中心环节的城市经济体制改革阶段。“经济特区”作为改革的“试验场”，便是在这样的背景下产生的。邓小平建立经济特区的目的是通过特区先行一步，由点带面，推广全国。深圳等经济特区从成立的第一天起就担当起积累经验的“排头兵”的历史责任，为全国的经济体制改革探索道路。

所谓春天的故事，也就是从这里开始，不断地以自身的激情在点滴诠释着改革的魅力。如今思之，令人兴奋异常。

回望来路，中国以濒临崩溃之身，怀着“摸着石头过河”的心情，成就了一场巨大转变，从禁锢到自由，从崩溃到奇迹般重生。如果将改革比作一个人，那么“他”已经过了而立之年，直奔不惑的40岁。

故事还在继续，前路多艰，依旧充满着未知和挑战，一个个改革命题摆在了我们面前，那便是：经济改革进入深水区、金融改革暗礁横生、政治改革方兴未艾、医疗改革尚待破题、国企垄断痼疾难改、分配矛盾日益尖锐……

现阶段的改革是中国这个老而又新的国家在未来发展道路上迈出的关键一步。“周虽旧邦，其命维新。”改革将伴随我们现代化建设的整个过程，同时决定着我们的前途和命运。

一、改革的本质

中国自改革开放以来，已经有三十多年的时间了。三十多年间，我们经济的高增长速度令世界惊叹。“中国模式”越来越多地受到关注，吸引着全球的目光。特别是入世十年以来，我国国内日新月异的变化，更是令国人兴奋异常。

十多年来，我国出口规模及进口规模增长不断翻番，已经成为世界第一大出口国和第二大进口国，出口对我国经济增长的年均贡献率达20%。实际使用外资连续20年来居发展中国家之首，2010年突破1000亿美元，至2012年底，这一数字为1117.2亿美元。对外投资合作步伐加快，截至2012年末，累计对外直接投资存量超过5319.4亿美元。开放型经济的跨越式发展，有效拉动了国民经济持续快速增长，国内生产总值从2001年的11万亿元增至2013年的近56万亿元，世界排名由第6位跃升至第2位，综合国力显著提升。

但是，我国经济繁荣的背后，有着我们无法回避的问题。其中包括挥之不去的通货膨胀（不论官方CPI数字是否降低，民众始终承担着越来越高的生活成本）、不断飙升的房价、持续拉大的贫富差距、不断增大的人民币升值压力以及亟待转型的经济结构等。这些问题阻碍着我国经济的健康发展，影响到民众的切身利益。

具有讽刺意味的是，在我国经济受惠于改革开放，快速发展30多年后的今天，改革竟然成了敏感词汇。对于改革的提议，总是能遭受到一些群体的围攻和质疑，而改革往往在这种阻力出现的时候，调转矛头，往复游走于核心问题的边缘，隔靴搔痒，形式大过内容。这种情形在很大程度上成为一种常态。缘何改革经常会这样“无功而返”？又缘何很多改革会原地踏步？其实，这涉及所谓改革的本质问题。当我们明白了改革的本质以及改革的真正对象时，这些问题才能得到更加深入的理解。从另一个角度而言，找到社会弊病并不难，难就难在如何治愈，如何协调。

这里，我们需要提及两个概念——寻租和设租。

早在上世纪70年代，诺贝尔经济学奖得主、美国经济学家詹姆斯·布坎南提出“权力寻租”的概念，以提醒市场经济下的人们予以警惕。

随着我国经济的不断发展和政府各项管理职能的细化，一些由于制度缺陷和监管不善所引起的市场失灵和政府失灵也逐渐显现出来，其中权力寻租现象即是十分典型的一个例子。不仅扭曲了市场的资源配置，造成了无谓的损失，而且滋生了腐败。

寻租活动就是政府运用行政权力对企业和个人的经济活动进行干预和管制，妨碍市场竞争的作用，通过阻碍生产要素在不同产业之间的自由流动和自由竞争来维护既得的经济利益，或者对既得的经济利益进行再分配，以权力为手段进行资源垄断，从而创造少数有特权者取得超额收入的机会。其特点是，权力上的“弱者”用金钱向权力上的“强者”进行游说。下级游说上级，最终成为利益共同体，沆瀣一气，获取非分收益。

由以上可以看出，政府之所以成为寻租对象，其根本原因在于政府对土地、资源、许可证、立法权等关键性资源拥有绝对的垄断权。所以，一个现象也就很明确了，商业帝国的形成，背后均少不了行政权力的影子。在市场经济中，各组织机构和个人为了自己利益的最大化，往往搜寻政策的缝隙，物色见钱眼开的官员与政治家，以金钱开道，换取有利于自己的政策条款、生产经营授权、政府工程、相关稀缺的经济技术资源等等。只要寻租活动的收益大于寻租活动的成本，那么，寻租活动就难以遏制。

如今，三十多年过去了，这个词汇不但没有从我们的生活环境中消退，反而在当下似有走入“设租”的境地。掌握着寻租权力的既得利益者非但不肯就此罢手，还极力创造新的寻租条件，即“设租”或“造租”。

所谓设租，就是权力者利用手中权力，为权力的服务对象设置关卡与障碍，向相关人员和机构直接收取或间接“逼”其交纳通向正当权利和利益的“过路费”。设租行为的特点是，权力上的“强者”用权力或职业优势向权力上的“弱者”发动攻势。简单说，就是以权谋私。这也就是权力者利用手中的权力，制造寻租的空间。

我国传统的治理方式有种“迷恋”行政力量的倾向。以经济领域为例，该领域一旦出现矛盾时，首先想到的解决办法便是加强政府的干预和控制。增加一道审批，就相应地增加了一项新的寻租可能性。我们以股市为例，通过加强审批的办法来抑制上市过程中的舞弊现象、诈骗活动，其结果往往适得其反。

一般说来，每扩大一次政府在政治经济领域的职能，每增加一个政府机构，每增加一个官员，每添一项审批权、管理权，就增加一次寻租与设租的机会。寻租活动和设租活动对于政治与经济机制的运行危害极大。它们导致贪污腐败盛行，导致资源配置和收入分配结构畸形，导致政治与经济领域的竞争机制失灵，剥蚀社会的道德基础。

由权力“寻”租到权力“设”租，虽只是一字之差，引发的恶果却是腐败泛滥。当这些权贵资本演化成一个人多势众的利益集团之时，各种资源便会随着失衡的天平，向利益倾斜，大量社会财富聚集且被少数人鲸吞。

从寻租发展到设租是腐败的进一步升级，意味着金钱与权力的动态“双向选择”，权力市场化，形成权力资本，这是一种极其危险的社会态势。政治经济领域的行政干预过多，权力又没有受到强有力的制衡与约束，是寻租与设租的制度根源。寻租和设租都是围绕着权力而衍生出的危害社会的行为，只有从制度上管好权力的分配和运用，才能从根本上遏止寻租与设租行为。

我们明白，社会运行过程中的诸多问题，并非我们不能够正确认识，而在于认识问题的根源后，如何合理地纠正。改革对一部分人来说是希望，对另一部分人而言，却是梦魇。所以，改革的本质是什么变成了我们进行改革的前提。不明白这一点，结果会南辕北辙。

改革的本质需是以大多数人的利益为出发点，通过制度的设计、法律的完善等措施来防止权力和利益的直接挂钩，杜绝寻租、设租的滋生，在权力的监督、制衡中实现社会的良性运行。只有这样的改革才能积极地推动社会发展。反之，若没有兼顾构成国家基石的大多数人的权利的相应保障，再“富丽堂皇”的改革说词也是对社会的一种扭曲，是一种破坏之力。所以，改革的路径便是限制和去除少数人不正当的利益来源，真正地惠及多数人，将权力者为自己谋利益转变为为民众谋利益，在彼此的权利和义务上真正地实现对等，以实现社会的公平与和谐。其实说到底，改革就是一个分权、限权和补权的过程，限制少数人权力，补齐多数人缺失的权利。

然而，改革有其自身的风险。正如本书序言中所说，改革是一把双刃剑。对改革者而言，其风险自不必说。商鞅徙木立信，勇于变法，为秦的强大、繁荣奠定了灼灼功勋，但自身却迎来了令人谈之心颤的结局；赵武灵王为了军事改革，推行胡服骑射，却被反对派包围，活活饿死；明朝的张居正改革先胜后败，人亡政息，家庭遭难；清朝的洋务运动、戊戌变法、立宪三次改革皆失败，王朝最终覆灭……

缘何如此？

答案就在于，改革，是革掉了一部分人的利益，而这部分人是业已存在的体制之下的受益者，亦处于已存体制的顶端，我们可将之形象地比作食物链的顶端。当我们明白了改革的原委以及改革的对象后，对改革阻力之大就不足为怪了。它是一部分人对另一部分人的胜利，其风险也在历来的世事变迁中，昭然若揭。

从古至今，多少个朝代，如走马灯似的轮番变换，均没有跳出兴旺衰败的固有循环。当民不聊生、社会积重难返、现有体制难以为继之时，改革的诉求就会出现，这样真切的呼声往往来自民间。而随着时间的推移以及力量的蓄积，改革亦会演变为革命，革掉利益集团的命，革掉旧有体制的命。历史上无数次朝代兴替，都是最真实的写照。“王侯将相，宁有种乎？”“翻身做主”等豪言，还是那般清晰地萦绕在我们耳边。

改革的阻力越大，问题的积聚就会越漫长，而最终问题的爆发也就会愈发的激烈。当一部分人死守着自己的利益不放时，命运便会对其未来增加一分的“审判”力度。因为公平，是社会得以正常、有序、健康运转的最基本法则。不对权力进行制衡，代价高昂的历史循环依旧会无情地继续下去，“不折不挠”、永无休止。所以，人类千万年的历史，最为珍贵的不是令人炫目的科技，不是浩瀚的大师们的经典著作，而是实现了对统治者的驯服，实现了把权力关进笼子里的梦想。

任由“寻租”与“设租”活动的肆意妄为，民富则只能成为一纸空文。众所周知，民富才能国强，当我们不断在将中华民族的伟大复兴作为奋斗目标的时候，更应该将民富落到实处。把“民富”与“国强”放在一起，大约出自汉朝历史学家赵晔。《吴越春秋》说：“民富国强，众安道泰。”他把 “民富”放在“国强”的前面，“国”在这里显然指有形的政府。古人的头脑很清醒，这是真正的以民为本。只有坚持这个顺序才能够使民众平安、价值体系安稳，正如中国古代君王说出的“水能载舟，亦能覆舟”的千古名言。

当一个国家的财富、权力、资源等越来越集中在少数人手里时，这样的发展模式已经脱离了大众。脱离大众的群体为了自身的利益，会走到大众的对立面，走向社会发展的对立面。社会是由普罗大众组成的，没有大众的公平和利益，何来社会的发展？所以，民富形成的国强，呈现出来的是一种内在的强盛，而非仅在表象上所呈现的一种虚假繁荣。

综上，只有当我们秉持民为先的观念，在社会发展过程中将民众的利益放在首位考虑，各领域的改革以民众的需求为导向，革旧除弊，融入世界，我们的国家才能够真正地走向富强。

二、观念的改革

观念变革即是心灵变革，一句俗话说得很形象：“解放思想，黄金万两；观念更新，万两黄金。”人的行动都是在观念和思想的引导下展开的。进步的观念是人类之光，照亮我们周围的昏暗，给我们开启一个新的航线。有时候，一个变革的观念，能够使改革开放很快迈上一个新台阶；一个陈旧的观念，则使改革开放之路横亘座座高山。

可以这样说，每一次社会转型都伴随着新观念的诞生。如欧洲文艺复兴时期提出的人文主义，欧洲宗教改革时期提出的“《圣经》高于教皇”，欧洲启蒙时期提出的“天赋人权”、“人民主权说”等等。这些观念颠覆了中世纪教会对人们心灵的奴役，颠覆了欧洲王权“朕即天下”的传统观念，导致了资产阶级革命，促进了现代国家诞生。由此可以看出，欧洲实现现代化跟这些观念的引导有着密切的关系。

百多年前西方势力进入以后，中国传统社会发生裂变，开始进入现代化转型期。那时候国人提出了一系列新观念，比如“开眼看世界”“师夷之长技以治夷”“物竞天择”“中体西用”“变法自强”“君主立宪”等。这些观念，曾经引导国人一步一步适应形势的发展，同时也唤醒了我们对自己民族的反思，所起作用巨人。

改革开放之前的一些重要观念，像“以阶级斗争为纲”“阶级斗争要年年讲、月月讲、天天讲”“阶级斗争一抓就灵”“一大二公”“计划经济”“跑步进入共产主义”“斗私批修”“割资本主义尾巴”“与天斗、与地斗、与人斗，其乐无穷”“宁要社会主义的苗，不要资本主义的草”等等。这是改革开放以前的观念谱系，有总观念，有子观念。那个时候的主导性观念就是“以阶级斗争为纲”。这些观念的提出与普及，扭曲了中国人的生活，造成了无以数计的历史悲剧。凡是从那个时代过来的人，提起这些观念，都耳熟能详，而且脑海里马上就会浮现出一幕幕历史画面和家庭遭遇，有些人直到今天还会心有余悸。

三十多年前，“文革”结束，“四人帮”被粉碎，我们的国家从阶级斗争走向了经济建设的正确道路。1977年全国恢复高考，知识重新被尊重，知识分子也再一次肩负起祖国建设的重任，获得了应有的社会地位。包裹在政治干扰下，一度疲惫不堪的神州大地，逐渐焕发出了应有的活力。

总的来说，三十多年前的那场大的转变，制止了我们长期无休止的国内损耗。从阶级斗争到经济建设，从计划经济转向具有中国特色的社会主义市场经济等，都是由观念的改变而开始的。

经过这么多年的发展，我们的社会存在着很多的问题。在权贵阶层利益盘根错节，社会不公现象不断加剧的情况下，经济改革已然不能解决问题，更多领域的改革已经迫在眉睫。这个比起经济改革来说，需要更大的智慧诉求和勇气，也需要全民的参与。

要改革，则必然要在包括经济、政治、社会、文化等多方面进行改革。然而笔者认为，在诸多改革开始之前，首先应当进行的则是我们长久以来的观念的改革，要革除那些不合时宜、扭曲事实、蛊惑大众的观念，恰如我们三十多年前一样。

观念改革是对整个社会认知层面的改革，只有这样，才会避免所谓的顶层设计的片面性。只有当顶层设计路线同基层的需求相契合的时候，这样的改革才是有意义的，有效果的。观念改革的重要性不言而喻，只有与时代并行，才能发出最真实、最强劲的呼声，从而引领社会向前发展。

我们不妨把时间拉回到当前，亟待改变的现实与业已形成的固有观念有着强烈的反差。这些观念若不去除，则我们的改革可能会走样。那么我们不妨从下面几个例子来看看，观念的改革，究竟会给我们认识世界和自身带来怎样的截然不同的结论。

西方国家在衰落?

1996年，有一本名为《中国可以说不》的书出版了，不仅畅销一时，而且引发了一场“说不”的热潮。《中国可以说不》这本书有的章节能切中盲目崇洋和媚外的时弊，而有的内容却流露出了排外情绪。我们并不否认从鸦片战争开始，一直到目前的改革开放，确有不少人盲目崇洋，甚至媚外，更有甚者丧失民族气节，出卖民族利益。在这种情况下，我们大力弘扬爱国主义精神，提高民族自信心，是完全应该的。不过，事情终归应有限度，一股脑地排外以及宣泄情绪，实为不智之举。

我们并不否认有些国家对中国采取的态度里有不友好的成分，甚至是无理制裁，这些都是毫不奇怪的。当今世界的发展，国与国之间关系既有合作，又有斗争，并不是非敌即友。我们应学会与不同文化背景、不同社会制度的国家求同存异，取长补短，平等竞争，共同发展。我们既要敢于对外国“说不”，捍卫国家利益与民族尊严；更要敢于对自己“说不”，反省我们的缺陷与失误。而对自己说不，实则更为关键。

“西方衰落论”不是今天因中国的崛起而产生的，早在上个世纪初就出现了，而且有各种各样的版本。其实可以这样说，近一百多年，西方国家是在“衰落之曲”的伴奏下发展过来的。而“衰落之曲”奏响了一个世纪，西方国家不仅没有衰落，而是更加积极、主动且多领域地参与到国际事务中。

毫无疑问，就当今世界而言，西方国家在经济、科技、环保、教育等很多方面，均处于领先地位。从工业革命时代开始至今，西方一直引领着世界前进的方向。那么，西方世界是否会如我们各式媒体所宣传的那般，正在走向衰落呢？随着我国经济的不断发展，从GDP第二大国成为第一大国似乎也是看得见的明天之事。但难道这就能证明西方在衰落，而我们终将取而代之吗？笔者认为这种观念必须改变，因为我们在严峻的现实面前，有些盲目乐观地重拾了昔日盛唐时期的自信。

首先，我们不能对对方现存缺点的放大而妄言其衰落或灭亡；其次，我们的强大与所谓的复兴，不应当建立在企图别国衰落的基础之上。金融危机以来，我们看到的并非资本主义的一蹶不振，而是我们国内经济问题的不断凸显。很有讽刺意味的是，金融危机的震中美国，率先实现了经济复苏，道琼斯指数突破新高，而我们的经济晴雨表A股，依然如“卧龙”一般，“酣睡未醒”。值得我们注意的是，美国的经济总量以及人均收入水平依旧在增长，并未见其有萎缩的迹象，而其政府不同党派政客由于政见不同，无法达成一致而出现的短期关闭，并非国家破产之表现，反而是其自我运行机制健全的反映。

所以，在我们进行国内改革之前，应当重新认识西方，重新认识被我们排斥的资本主义社会里的些许有益的东西。因为之前很多令我们嗤之以鼻的东西，很可能是我们未来所需要的。

马克思的剩余价值理论，揭示了资本家丑恶的一面，但是我们必须明白，事物都是随着时间的推移而发生变化的，这个世界上没有所谓的绝对真理。这就好比曾经风靡世界的地心说一样，现在看来是多么的可笑。剩余价值理论也是时代的产物，在那个时代，马克思设身处地地从产业工人的处境思考，揭示了资本家的贪婪和资本主义社会发展中所存有的缺陷。不过，时代是在变的，不能以这样的理论指引我们抱有偏见地一直走下去。时间是最好的见证人，会告诉我们，哪些是需要改变的。我们应当踏着时代的脚步，就相关理论和观念进行扬弃和取舍。只有批判地继承，才能更加实际和客观，才能有益于社会的发展。

我们大可不必细究马克思理论中是否有需要改进的地方，这也不是本书探讨的范围，我们的重点是需要知道，片面地、纯粹地指出资本家为“万恶的资本家”显然有失公允。不论其是否过多地占有工人的剩余价值，我们必须看到今日西方发达国家的进步以及良好的、相对完善的社会保障体系和遥遥领先于我们的人均收入水平等等，这些是值得我们虚心学习的。

“万恶的资本家”为社会的发展提供了源源动力。我们在指出西方国家缺陷之时，不妨更多地学习其优点。当我们彻底摒弃意识形态的对立时，我们会更加客观地看待世界和自己所处的现实。

前途光明，道路曲折，之前的偏见给了我们太多的教训和磨难，我们必须学习和总结过去，合理地判断当下，认真走好未来的每一步。

阴谋论在泛滥

笔者在《快速读懂世界经济格局》（中国发展出版社2012年出版）一书中曾提到，应当摒弃阴谋论之类的观点。说到这，本书就这一话题再阐述一下。

记得曾经有一部美国纪录片在网络上很火，里面着重论述了2001年9月11日，美国纽约世贸大楼被袭一事。影片企图通过大楼崩塌下落的时间，飞机撞击大楼的位置以及五角大楼被袭击后，机身在草坪上留下的痕迹等，论证“9·11事件”是美国政府一手策划的骗局，目的是以此为借口，以打击恐怖分子为名，向中东国家驻兵并进行势力渗透（诸如伊拉克、阿富汗、伊朗等国家），从而控制石油，操纵石油价格，击打俄罗斯“七寸”，同时完成对中国的U形或O形包围，遏制中国崛起。

如此宏伟的战略蓝图，美国牺牲了几千人的生命而达成了。亲爱的读者，您认同以上观点吗？美国要攻打伊拉克、捕捉本·拉登，而亲手炸毁了两栋标志性建筑，那么如果未来需要发生更大规模的战争，是否美国还要让刺杀总统的场景再现一遍呢？所以，以阴谋论为出发点，对很多事情的认识都会出现偏差，最终的结论则令人啼笑皆非。

而对于所谓的美国U形或O形包围中国，扶持日本、韩国、印度等周边国家来遏制中国崛起，那么我们是否考虑过，如若有一天，日本或者印度强大了，威胁到了美国的利益，美国是否又要拉拢中国呢？如此来来回回、反反复复地扶持和遏制，只能是助人不利己，美国岂不要忙死？美国遏制我们，我们却又要购买其巨额的国债助其经济发展，类似这样的矛盾现象岂不是很多？我们可曾想过，究竟是美国在遏制我们复兴，还是这一切均是我们人为臆想出来的呢？

除此之外，还有很多阴谋论，包括整个世界的运行都被操控在罗斯柴尔德家族的手里，其通过无与伦比的财富力量，玩转世界于股掌，各国的政要也均是其吸纳世界财富的棋子，顺其者昌，逆其者亡。这还不够，还有关于转基因食品的怪论，仿佛西方国家天然与我们势不两立，用转基因食品改变我们的基因，从而影响着一代又一代的人。惊悚至极，荒诞至极！

在这里，笔者不去逐一反驳以上诸多阴谋论观点，因为着实没有必要。人类社会的进程只能是更加文明，而非更加黯淡。包含类似观点的书籍，让读者阅读起来畅快淋漓，似乎洞穿了世界的本质，但实际上，均是断章取义、牵强附会的故事及想象的拼凑而已。尤其是一些纪录片，完全可以通过画面的截取，将事实颠倒，混淆黑白。

上图是笔者截取的微博上的一幅图，可以直观地反映出断章取义对事实的颠倒作用。远处两个人所展现的实际情景，被媒体刻意截取后，呈现出了截然相反的结果。这种看似“诡异”的现象，其实在现实社会中普遍存在。

阴谋论存在是有其土壤的，哗众取宠、商业炒作倒为其次，而纵容其大范围的传播，极易激发民族主义情绪，与外界产生不必要的、危险的摩擦。

改革首先是一场深刻的思想革命，不破除种种封闭保守的陈旧和错误观念，就不可能真正地、深层次地进行改革。同时，改革的需求若不能代表底层的民众利益，改革就不会击中社会弊病，极易被利用，从而与初衷背道而驰。我们今天正走在改革的路上，但是缺少了很久以前“雄赳赳，气昂昂，跨过鸭绿江”般的豪迈和自信，多了些许面对阻力畏首畏尾的纠结和尴尬。

诚然，改革的过程，是一个破旧立新的过程，需要付出一定的代价，但历史的经验证明，只有改革，才能求得发展和稳定；片面地求稳而拖延改革，这种稳定是表面的，并不稳固。中国有句俗谚："长痛不如短痛"——历史的旧账拖得越久，国家和人民付出的代价就会越大。

随着近年来我国经济发展过程中一些不合理的现象屡见报端，越来越多的人都关注并参与到关于中国改革的探索和践行当中，这给我们的社会发展带来了良好的开端和无限的可能。对问题揭露得越充分，越能证明社会的一些仁人志士，依然对国家能够健康发展抱有希望，依然对这个社会的弱势群体抱有同情心和爱心。民众的参与，既是监督，也是推动改革的真正力量。所有这些，也为目前呼声越来越高的改革提供了强有力的舆论支持。

综上所述，笔者以为，改革的力量来自民间，来自每个人的内心，因为我们均是组成这个社会的一分子。只有我们积极参与，这个社会的前进方向才能更加贴近我们的意愿。

本书也正是基于这样一个目的，以自己的绵薄之力，为众多读者打开一扇窗，一扇看清我们自己的窗。而窗外的风景，等待着大家用智慧和勇气来共同绘就！

中国开眼看世界

1840年鸦片战争，中华文明第一次遇到了强于自己的外来文明的挑战。这次战争，迫使中国带着深深的屈辱开始在现代化的道路上蹒跚而行。国人从"天朝上国"的美梦中惊醒，一些有识之士，开始正视现实，意识到了解域外世界的必要性，进而掀起了“开眼看世界”和向西方学习的潮流。

当时一些代表先进思想的著名刊物主要有魏源编著的《海国图志》、徐继畬编著的《瀛环志略》、姚莹所著的《康輶纪行》等。张之洞亦在《劝学篇》中确立了学习西方的基本原则，即“中体西用”。“中学为体，西学为用”是张之洞在创办洋务过程中逐渐提炼出的，并逐渐成为清末思想界的主流话语。

身处与“夷人”作战前线，林则徐（1785~1850年）当然要尽可能多地了解“夷情”，他聘有专门的翻译为他译介有关情况，编译成了《四洲志》。《四洲志》对世界30多个国家的历史、地理和政治状况作了概括介绍，已然初步勾勒出整个世界的轮廓，其中重点介绍欧美列强，主要是英、美、法、俄等国。这部在翻译基础上编成的著作，在闭塞的社会中打开了一扇眺望世界的窗户，可以看作林则徐作为开眼看世界的先驱的思想记录。林则徐被范文澜称为“开眼看世界第一人”，当之无愧。

1842~1843年，林则徐的好友魏源受林嘱托，在《四洲志》的基础上编成《海国图志》。《海国图志》辑录征引了当时能够搜集的所有资料，在内容上比《四洲志》增加了数倍，对世界各地，特别是西方各国历史、地理、社会、政治、宗教、文化、语言等方面的情形，作了相当详尽的介绍，大大拓宽了国人的视野。魏源在书中称，该书为“以夷攻夷而作，以夷款夷而作，师夷之长技以制夷而作”。这在近代史上正式提出了向西方学习的历史命题，兼具开眼看世界和向西方学习的双重意义。但魏源在此书中仍坚持传统观点，而对现代地理学，他花了许多功夫“考证”出“自古以震旦为中国，谓其天时之适中，非谓其地形之正中也”。即承认中国在地理上虽不居“正中”，但在文明教化、典章制度上仍是世界的中心。鸦片战争使林则徐、魏源等人对外部世界有了初步了解。

另一部看世界的世界史地名作是徐继畬（1795~1873年）的《瀛环志略》。《瀛环志略》以图为纲，简洁明了地介绍了世界近80个国家和地区的地理、历史、经济、文化、社会、军事等。该书以一半的篇幅介绍欧洲和北美，显示其关注的重点所在。该书浩繁虽不及《海国图志》，但浑然一体，且有著者独到的剪裁识断，力图展现明晰而系统的世界历史地理全貌。

姚莹（1785~1853年）所著《康輶纪行》，也值得一提。他早年究心边疆及域外事务，后被贬官四川，实地考察西藏边疆，搜集资料，撰成《康輶纪行》16卷。旨在“知彼虚实”、“徐图制夷”，以“冀雪中国之耻，重边海之防”。该书涉及英、法、俄、印度等国史事，并依据所得图册，绘制世界地图，撰写图说。他在书中还揭露英国对西藏的侵略野心，建议清政府加强沿海及边疆的防务。

这几部世界史地著作，完整地展现了世界大势，给中国人增加了新的世界观念，并初步传播了与中国文化迥然不同的西方文明信息。同时，也展示了新的西方侵略者向东方扩张的格局和趋势，并力图唤起人们民族生存的危机感。

第2章
经济奇迹的再解读

Urgent Reform

经济增长是体制变革的催化剂，而企图固化既有体制的努力，则终将被时代的步伐所遗弃。维持经济增长其实并不能掩盖发展中存在的缺陷或者问题。而恰恰相反，发展的作用之一便是：暴露问题！社会越发展，现存社会所存有的缺陷便暴露得越多。

截至2012年底，我国国民生产总值约为56.88万亿元人民币，已经位居世界第二大经济体，并且已经将多年位居第二的日本拉开了一大截距离，总量也已经达到了美国国民生产总值一半还要多的水平。如果我们回顾一下30多年来的GDP增长情况，其速度之快令人吃惊。从1978年的3624亿元人民币到2012年的52万亿元人民币，增长了近157倍。如此这般的经济增长奇迹，令西方资本主义国家望尘莫及，其百年发展进程，我国几十年内便完成。

金融危机以来，各国金融机构以及实体经济均受到重大冲击，影响波及全球，我国也未能幸免。我国的出口，尤其是针对欧美等发达经济体的出口贸易出现了明显下滑。然而，我们的经济增长却依旧遥遥领先。反观近些年来西方资本主义国家的国内经济情况，却增长乏力，游离在1%附近，甚至负增长的现象也并不鲜见。乍一看，全球主要经济体之表现，惟中国风景这边独好，其风采直追当年不可一世的日本，同时也有实力大声地向霸权主义说“不”。

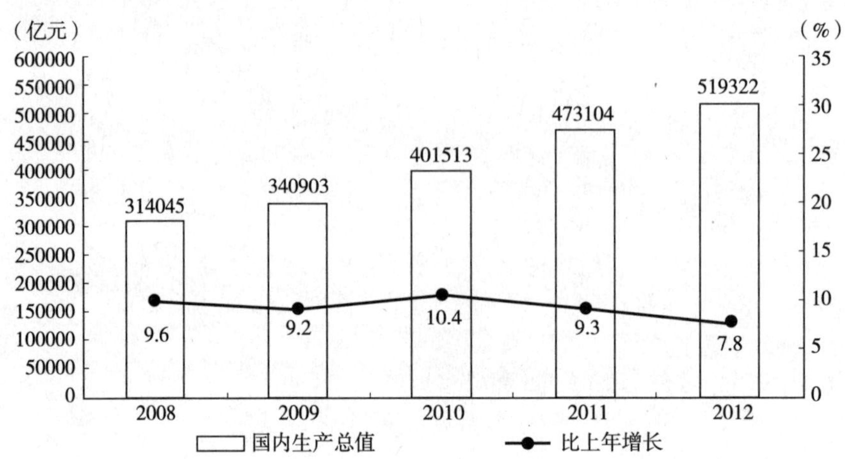

图2.1 2008～2012年国内生产总值及其增长速度

资料来源：国家统计局网站。

但是，经济快速增长的另一面，是问题在不断积聚。我们不是以拉动实体经济作为经济发展的本源动力，而是寄希望于投资与出口领域，让外部市场消化我们本已经过剩的产能。

建立在高能耗、高污染、低效率运营模式基础之上，并依靠低廉的劳动力来维持经济高速增长的模式，其结果只能是贫富差距拉大、环境污染严重、资源逐渐枯竭，高增长是我们用高昂的成本换来的。对于忽视效率与质量的单纯数量上的比对，很容易让我们产生“经济奇迹”的结论。我们经济高速增长的背后，是同样高速在聚集的风险。这堵不断增高增厚的墙，是我们前进途中必然会遭遇的屏障。

其实，支撑过去增长模式的不仅是依靠低廉劳动力而进行的大量投资和对外出口，而不公的分配制度，也是主要因素之一。为什么这样说？因为如果兼顾公平的话，很多片面促进经济增长的政策便不会出台，会被更多的惠民政策所取代。如果说，中国经济发展曾经有过“改革红利”的话，这个“红利”并没有在全民中间进行合理分配。评价任何历史性变革，经济增长速度并非最重要的，重要的应当是在经济增长所创造的财富里，如何公平地进行分配，以及这样的经济增长是否具有可持续性。

说到底，我们的经济增长方式很不完善，或者可以说，已经到了必须改变的地步。一项制度、一个政策的实施，都有其相对应的时代背景。改革开放初期的市场化初探，给中国千疮百孔、一片萧条的国民经济带来了丝丝活力；让一部分人先富起来的口号，着实让以沿海为代表的一些地区的少部分人富了起来。但时过境迁，如今的贫富差距现状，无论如何也不能让人以平静的心态对先富起来的人抱以肯定。民众的生活水平没有相应地提高，即民众没有享受到国家不断快速发展所带来的果实，而且其所得与其应得的差距在不断拉大。发展的目标与民众生活分轨，出现了本末倒置的情况。

以GDP作为衡量经济运行情况的一个指标本没有错，然而若以GDP增长为核心，作为经济运行以及社会发展的唯一衡量指标，则有失偏颇。增长并不是目的，只能是达到目的的一个必要条件。经济增长的最终目的应当在于使民众受益，从而使民众生活更加多元和幸福，社会更加多彩与和谐。这也就是上一章节所提到的“民富”的概念。对量的追求会永无止境，往往会演化成数字游戏，单纯地为了增长而增长是没有任何积极意义的，其结果很可能会致使经济发展偏轨、失衡。我们屡遭神话、奇迹等概念“摧残”，是时候平心静气、去掉浮华、放慢脚步地去审视自己所走过的路了。

下面让我们回顾一下新中国成立60年以来，我国经济发展的大抵脉络，或许我们能够从中得到些许启示。

一、新中国成立60年的回忆

新中国成立后的30年——工业化“奇迹”

1949年新中国成立，中国人民从此站立起来，摆脱了暗无天日的战争年月，远离了炮火轰鸣。农民们走入田间，工人们走进工厂，为着新中国的明天而奋斗终身。热情似火的劳动场景，现在想来，令人感慨万千。虽然现今绝大多数人不曾亲历，但一张张珍贵的照片、一首首催人奋进的歌曲，可以让我们“回到当年”。当时人们的单纯与激情，为国家建设奉献青春，使我们在一穷二白的基础上，快速实现工业化，并提出了“超英赶美”的撼人口号。

“大跃进”是新中国成立前30年经济发展情况的一个缩影，很具典型，是我们在长期积贫积弱的环境下，渴望改变落后现状的激进行为。以至于今天，其主导思维模式，依然对我们的发展道路有着或多或少的影响。随着时间的推移，固定的发展模式将会产生一定的惯性，使得纠错的成本越来越大。从当时的全球经济格局来看，世界大战以后，西方资本主义国家遭遇到很大的困难，经济危机周期性地困扰着西方发达国家，而苏联的工业化则在走上坡路，一面鲜艳的红旗在东方升起，成为众多国家学习的榜样。新中国刚成立，且携带着红色革命的基因，走上苏联工业化发展模式的道路成为必然的选择。

回过头来看，当初的工业化大发展，没有考虑到中国当时的现实国情，革命胜利的激情和带来的自信，让我们简单地认为，经济的发展可以通过民众齐心协力进行量的突破来完成。就如上文所言，经济的增长不是目的，只能是一个手段和过程，最终目的则应当是社会的和谐和民众的幸福。当初的我们简单地将钢铁产量、粮食产量等经济指标作为发展的目标，忽略了由此带来的民众生活质量不断下降的客观现实，本末倒置。

1953～1957年的“一五”计划是我国工业化的起步阶段，这个时期的成果总体而言是值得肯定的。从经济增长的数字来看，国民收入年均增长8.9%，但是，这个成就是有代价的。代价就是，片面追求高速度和不断增加工业投入，使我国的供求关系由原来市场机制参与调节，转变为由国家按计划实行资源配置的“短缺经济”。社会主义改造实际上是适应上述这种转变要求的变革，然而这种变革要求过急、转变过快、形式过于单一、工作过于粗糙。1957年，针对上述问题，曾经有所调整，但很快就被后来的“大跃进”所淹没了。

1958～1962年是我们所说的“二五”计划时期，这个时期我国急速工业化的弊端凸显出来。从“二五”计划开始，我国同世界上一些发达国家，以及周边的一些国家和地区相比，差距开始拉大。这期间，决策层将15年赶超英美战略变成10年，在“大跃进”的高潮阶段，又将其降到7年，乃至最后的2～3年。这一时期，我们提出了钢产量要达到1070万吨。但是，凭借当时的生产能力只能完成400万吨。因此，决策层提出了“全党全民大炼钢铁”的方针。

到1958年底，各行各业投入这场运动的人力已近1亿，占全国人口的1/6。各类小高炉、土高炉的数量达几百万座。由于当时缺乏铁矿石，所以就动员群众将家里的铁锅、铁器拿来炼铁。在锅碗瓢盆投入洪炉之时，成熟的庄稼烂在地里无人收割。在此同时，人民公社运动全面展开，农业生产积极性受挫，粮食产量无法保证。层层压力下，于是层层虚报，粮食“卫星”由亩产数千斤而至十几万斤。最终结果是，到1960年，粮食产量下降到只有2877亿斤，比1959年减少530亿斤，跌落到1951年的水平。

激进的工业化当时严重地脱离了实际，越来越如同空中楼阁，美好而

全民大炼钢铁

不实际，负作用毫不留情地给我们以当头棒喝！

在“二五”计划期间，我国经历了建国历史上异常艰难的三年“自然灾害”。庄稼歉收、饥荒遍野，很多的惨象发生在农村地区，进一步加速了偏轨的工业化快车熄火。工业化的速度远远超过了城镇化的速度，超出了广大民众可承受的范围。脱离民众实际生活的工业化，如同缺乏资金支持的股市，在某一时刻，必然要掉头向下，其势犹如大厦崩塌一般，恐怖异常。

20世纪50年代末60年代初的三年“自然灾害”，我们更需要理性看待。因为只有理性看待，才能明白工业化过程中，成功的表象下隐藏的本质问题。自然灾害往往是和人为因素分不开的，比如环境污染、沙尘暴肆虐，这些自然灾害，是人为不合理的行为长期积累的结果。所以，三年“自然灾害”，我们不能忽略人为的因素。自然原因加上决策失误，导致的50年代末60年代初的所谓三年“自然灾害”，成为我国经济发展过程中的沉重教训。

新中国成立的前30年，工业化的初衷是好的，是我们看到自己和发达国家在经济上的差距而萌生了学习并看齐的良好愿望，就如同大炼钢铁运动，其实是当时积极向上的中国豪情使然，也是落后中国发展焦虑发酵之结果。但是，不当的方法和发展路径，使得我们在浪费了时间、人力、物力资源的情况下，收效甚微，甚至要用更为长久的时间、更高昂的成本去进行修复和补偿。这一时期的“经济奇迹”，具有强烈的讽刺意味。

改革开放至今的30年——经济"奇迹"

我国改革开放至今，大体可以分成两个阶段。第一阶段是1978～1992年，即从十一届三中全会到邓小平"南方谈话"；第二阶段是从邓小平"南方谈话"至今。之所以将邓小平"南方谈话"作为两个阶段的转折点，原因不仅有国内的，还有国际的。我们先看第一阶段。

在改革开放的第一阶段，主要历史性任务是"拨乱反正"。所谓"拨乱"，就是拨"无产阶级专政下继续革命"之乱，拨"以阶级斗争为纲"之乱，拨作为统治经济的"计划经济"之乱，拨"公有制一统天下之乱"；所谓"反正"，就是返回到以市场经济为取向、以经济建设为中心的改革开放路线上来。

改革开放的第二阶段主要任务是悬崖勒马，纠正已经偏离了的改革航向，及时挽救深陷危机中的改革。当时的国内，改革开放前15年，虽然成绩卓著，但也不是一帆风顺，到80年代末，改革出现了"危机"。

危机主要来自两个方面：

在国内，一是双轨制下的"官倒"现象，致使国有资产流失等，使改革开放的公正性受到多方质疑；二是改革势力与守旧势力之间的博弈问题。这些无疑增加了改革的困难及成本。

同时在此期间，国际局势发生了一系列对我们有严重影响的变化。东欧剧变以及苏联解体，社会主义阵营多米诺骨牌般迅速倒下，这种剧变的国际形势，不得不引起我们深思。本来就对改革开放心怀不满或很不满的人借题发挥，大肆对改革开放横加责难，焦点集中在市场和计划问题上，姓资姓社问题上，甚至将改革开放与"洋务运动"对比，认为市场经济是对资本主义的复辟等，尤其在"经济特区"问题上大做文章，认为"特

改革开放总设计师——邓小平

区”是外国人的“租界”，是卖国行为等。

迫切的形势，要求我们在原有计划经济和改革开放中进行两难抉择：是倒退到计划经济年代的老路上去，还是坚定不移地把史无前例的改革开放推进下去?正是在这个关键时刻，邓小平同志肩负使命，毅然踏上深化改革的艰难征程。邓小平“南方谈话”力挽狂澜，确立了以市场经济为改革取向的大方向，进一步推动了市场经济体制的形成和发展，使改革在新的形势下红红火火地开展起来。在这一阶段上，还大面积地对国有经济进行股份制改造，促进股份制经济、混合经济的发展，进一步加快了我国工业化进程。

正是有了新中国成立前30年的沉痛教训，在1978年这一具有纪念意义的年份，我国进入了一个新的发展轨道，商业经济发展再次走向台前，吸引着很多人丢弃铁饭碗，毅然选择下海经商，开始缔造中国的当代商业传奇，诠释美丽动人的“春天故事”。

这30年来，中国经济确实取得了令人瞩目的变化，一座座高楼平地而起，且富丽堂皇，高度不断增加，直冲云霄，令越来越多的人可以“平步青云”。这一时期的大变化，得益于改革开放，也就是上文所谈到的一定观念的变革，同时也是贫富差距拉大的开端。

在改革初期，人们普遍认为社会主义可以解决“公平”问题，却无法解决“效率”问题，需要引进市场经济的竞争机制。为此，不得不牺牲一部分“公平”以换取“效率”，并付出一定的社会代价。然而，经过三十余年的改革，在中国成为世界经济大国，物质财富不断增长的同时，却变成了世界上贫富差距扩大最快的国家，也是全球贫富差距最大的国家之一。中国人民付出了“公平”的代价，却没有分享到“效率”的果实。

1978年的改革开放，与其说是政策上的转向，不如说是人们思想上的幡然醒悟。当时一部分人先富起来，的确令一小部分人借政策红利，先于大部分人富了起来。然而，结果犹如我们今天看到的，先富并未带动后富，而由于对政策红利的滥用和不受监督，先富反倒成为后富的拦路虎和绊脚石。为了守住既得利益，先富起来的占尽各种资源，导致最终的结果与改革初衷相去甚远。

在今天的中国，占人口绝大多数的民众得到的是很小一部分的社会财富。在他们中间，有多少工人下岗，有多少农民工血汗得不到补偿，有多少农民失去家园，有多少人被迫生存在生态遭到毁坏的环境中，还有多少人得不到最低限度的社会保障……

这样的代价已经为整整一代人所承受，但要偿还这笔庞大的社会负债，却不是下一代人可以完成的。

新生“富有”阶层的人口比重不过百分之几，却占有了绝大部分的社会财富。这个“富有”阶层的财富从原始积累到高速膨胀，少有来自辛勤的体力劳动和富有创造性的脑力劳动，也少有来自技术创新，而是高度依赖政治特权及寻租空间，寄生于不断扩大的垄断势力。

说到这里，我们都明白，社会的发展，应以保障绝大多数人的利益为重，而不能只保障少数人的利益，并且由其作为普罗大众的代言人。

今日的改革步履维艰，在于我们的权贵阶层与民意出现了分化，有了不同的诉求点。现如今，权贵联手、利益当道，以先富作为榜样的思维，成为他们谋取私利的挡箭牌，而他们甚至还在这样的固有思维的保护伞下，不断巩固着自身的利益。正是由于这样群体的存在，阻碍着我们社会正常运转和发展，如若任其发展，其将成为开历史倒车之罪魁。

时代越发展，就越发需要合理的体制与发展之实际相匹配，更好地保障发展之成果，尤其当已有的经济增长模式并非合理的时候，更需要变革。

经济增长是体制变革的催化剂，而企图固化既有体制的努力，则终将被时代所遗弃。传统的以为维持经济增长便可以掩盖发展中存在的缺陷或者问题的观点，现在看来，是多么的荒谬。发展的目的不是为了维护既有的制度，维护既得利益，也不能掩盖存在的问题，恰恰相反，发展的作用之一，就是暴露问题。因为发展每上一个台阶，便会对社会各种要素进行重新定义，很多问题便在这一过程中得以凸显。

二、城镇化再思考

说到城镇化，我们首先应当思考一下，那就是，城镇化建设的目的究竟是什么？另外，以什么标准来衡量城镇化建设的成功与否？当我们看到环绕四周的高楼和塔吊，当我们看到穿梭其间的拥挤车流，当我们看到漫天遮日的尘埃之时，我们是否真的应该认同这样的城市化？这样恢弘的表象之下，是否还隐藏着更多的“软件”问题？

城镇化是社会发展的必然趋势，在经济高速发展的今天，城镇化的步伐在我国已踏上了高速前进的轨道，它是一个国家由弱变强的必然产物！但是，任何一个新生事物的诞生与发展都必须遵循自身一定的发展规律，倘若盲目地加快城镇化建设的步伐或者仅仅是扩大城镇化的面积而忽视其他与城镇化相匹配的建设，那必将导致弊大于利的局面。

从历史来看，凡出现城镇化的地方，就一定代表着一个地方的经济、文化和政治的中心。从全球来看，城镇化的发展也是一种必然的趋势，是经济与科技发展的必然产物。据不完全统计，美国的城镇人口占80%，阿根廷达到90%，墨西哥是78%，而中国30年的城镇化建设却走完了相当于英国200年、美国100年、日本50年所走完的里程。

据国家统计局数据显示，截至2013年末，我国城镇常住人口7.31亿人，比2012年末增加1929万人，城镇人口占总人口比重为53.73%。这意味着超过半数的中国人生活在城市之中，城市与我们的生活息息相关，使我们的生活出现了翻天覆地的变化。城市化是建设小康社会的必然趋势和必由之路，是幸福生活的载体，承载着国人建设美丽中国的美好愿望。

然而，在轰轰烈烈的城镇化进程取得巨大进展的同时，也出现了一些问题。打着城镇化的名义强拆屡禁不止，威胁了民众财产甚至生命安全；承载着深厚的中华文明的古迹、遗址，也在这场举国的运动中，大多消失了踪影。片面追求经济利益，为城镇化而城镇化，导致城市千篇一律、千城一面。让人不禁愤懑反问：如此城市化，何谈幸福生活？越来越高的生活成本，仿佛筑起了一道无际的“柏林墙”，将更多的人阻隔在外面，无法真正地融入城市。当越来越多的年轻人，怀揣梦想，从美丽的家乡奔赴拥挤的城市时，繁华的都市是何其吝啬，并未尽到地主之谊，而是将他们恶狠狠地抛弃到鬼魅的“荒原”。

城镇的边界不断蔓延

所以，又回到我们开始的问题：城镇化的目的是什么？衡量城镇化成功与否的标准是什么？笔者以为，城镇化的目的在于通过提供更多的就业机会、缩小悬殊的贫富差距、摒除民众之间不同的身份认证、解决人们实际生活问题，推动我国经济的健康和全面发展。以此来看，经济发展本不是目的，而是合理解决社会存在诸多问题后的一个必然结果。

近年来，“大力发展城镇化建设”等语句成为媒体头版的“常客”。最初，“城镇化”被政府赋予扩大内需的功能，作为经济结构调整的重要依托，为增长放缓和经济转型提供动力和缓冲。虽然所提倡的新型城镇化将会以人口城镇化为核心，实现职业上从农业到非农业、地域上从农村到城镇、身份上从农民到市民的转换，但是，城镇化后面联系着的，是房地产，是土地，是天量的货币供应。继续以投资拉动经济的做法会制造通胀，民众很难在城镇化建设中直接获益，却要承受不断增加的通胀成本。与改革不同，新型城镇化建设似乎和中国长久以来的发展模式，即造城运动，相吻合。

今日提及的城镇化建设，与几十年前的工业化有着某种形式上的神似。在建国初期，由于常年累月的战争，人民流离失所，国民经济也可用千疮百孔来形容。当时先进生产力代表的工业化大生产，引导着那个万众沸腾的年月，“超英赶美”的目标，似乎近在咫尺。最终“大跃进”的教训，让我们不得不对那个“激情燃烧的岁月”做一番重新认识。

中国城镇化率从1978年的18%已经上升到2013年的近54%，尤其在过去十年开始加速。但这样速度的城镇化，主要是土地的城镇化，而非人的城镇化。一线城市人口暴涨，出现“大城市病”，人口和产业优势相对较弱的三四线城市，由于大规模的基础设施建设和住房，出现空城现象。应当说，相当长的一段时期以来，城市建设主要是为了拉动经济增长，而非促进农民向城市转移。

城镇化的发展，必然带动了传统行业的复活，如水泥、建材等，均是消耗资源、造成污染的本该升级或者收缩的行业，却在城镇化的大道上，变本加厉，往复循环，没完没了。

城镇化建设是一把双刃剑，效果短期内或许会很明显，因为在大力推进城镇化建设的同时，短期内的经济快速增长是会实现的，但是从长期而言，大力发展城镇化，埋下了很多隐患。更何况，有些弊端已经体现，而且其危害在不断扩大，势头迅猛异常，如屡见报端的环境污染、产能过剩以及居高不下的房价。

目前，如何防止新型城镇化建设重复造城运动至关重要。毕竟，只有大规模的投资才能拉动经济增长，实现政绩的量化，而产业转型不仅短期内无望实现，将农民转换为市民身份也需要大量的民生投入，这对地方政府而言很难实现，毕竟现在承担了太多的债务，也有实现经济增长的任务。因此，新型城镇化被地方政府偷梁换柱，以城镇化为名，继续搞土地财政，铺摊子以至于重复建设成为可能。

在产能过剩成为我国经济发展的一大隐忧的情况下，地方政府化解产能过剩的能力，也被列入了考核执政能力的指标范围之内。如何化解产能过剩？似乎最为简便和有效的办法就是——造城运动！

对于房价而言，城镇化不仅不会使房价稳定或者降低，反而会刺激房价上涨。原因在于，城镇化作为一种政府的政策和口号，对房地产有着极大的推动作用。在我国部分行业产能严重过剩的情况下，化解过剩产能成为衡量地方政府执政能力的指标之一，城镇化建设无疑为过剩产能的化解提供了“合理”途径。不仅为地方政府化解了执政之劳，还增加了其财政收入。所以，此种利益循环链条固化的结果便是，经济结构转型继续延迟，地价、房价继续上涨，贫富分化继续拉大，政府的房地产调控政策效果大打折扣。

随着城镇化建设如火如荼地开展，资金将越来越集中于某几个行业。资金于某几个行业的集中，将会导致越来越大的风险性。资金集中，必然导致人才的集中或者相关行业智力资源的集中。长久这般发展下去，不同行业之间将会出现严重分化，过冷与过热并存，这对社会的健康发展是有百害而无一利的。当社会的各种资源越来越向某个或者某几个行业倾斜之际，这个社会的发展结构已然恶化。如同笔者之前所提及的，当越来越多的资源源源不断地流向房地产领域时，这个社会的创造力也在随着房价的高涨而向相反的方向同速消退。

并非城镇化建设弊大于利，而是对这样的一个关乎我国未来长期发展的政策，我们需要辩证地来看。当然，从提高城乡居民，特别是低收入群体的收入，持续扩大中等收入群体的数量，城镇化自然是一个不错的选择。但是，初衷与结果不一定能划等号，理论与实际之间，也并非简单地就能实现转化。

回想过往，有多少美好的初衷，在具体实施环节，被扭曲得面目全非；有多少惠民的政策，在特定的环境里，竟然成为少数人谋取私利的保护伞。

在大规模的信贷投放中，有相当一部分是地方政府以“城镇化”名义的借款，一些地方也以“城镇化”为名在农村实施“并村上楼”。也就是说，“城镇化”在事实上已经由地方政府启动，表现为各地宏大的建设计划、投资规模以及各地如火如荼的征地运动。

当前，中国经济持续减速，政府希望通过投资“托底”。因此，一些政府投资计划又开始提上日程，“城镇化”显然是其中重要的部分。在执行“去泡沫”政策的同时又刺激增长的做法，表明了政府的“底线思维”，即经济结构调整不允许导致硬着陆，这无疑会鼓励体制内“保增长”的冲动。

对于地方政府而言，会否由于财政问题、经济规模情结，而借助“城镇化”之名，继续加大政绩工程的投入，“凿山开路”。而原本已经依靠房地产暴富的财富大鳄们，又可以重享财富之盛宴，而一个个村庄也必将消失。随着拆迁队的一声嘈杂，一夜之间，“庄主”们便可以体味恍若千年的巨变，目光俯仰之间，感受着空间的落差，并与自己一以贯之的历史诀别。

如上文所言，城镇化建设的前提是普遍提升民众收入水平，缓解就业压力，缩小贫富差距等有惠民生的措施的落实。盲目推进城镇化，只能造成我国环境的急速污染，资源的极度消耗，民众健康指数的不断下降。之前工业化冒进，如今城镇化又有跃进的势头，地基没有打稳，高楼是无法真正建立起来的。

从环境角度来看，宏大的城镇化建设，无疑会带来越来越令人难以忍受的环境污染问题。

在欣欣向荣的城镇化进程背后，近15年来，在能耗方面，我国城镇化每增加1个百分点平均需多消耗能源4940万吨标煤，其中包括煤炭、石油、天然气等；在工业制成品方面，我国城镇化每增加1个百分点平均需多消耗钢材645万吨，水泥2190万吨。

此外，从1999年开始，中国城市生活污水排放总量就已经超过了工业废水排放总量，生活源的COD、氨氮、总磷等主要污染物的排放成为造成水体污染的祸首。

对于目前中国城镇来说，宜居城市形象地说就是能够“喝上干净的水，呼吸上新鲜空气，睡个安稳的觉，吃上放心的庄稼”。这几点说起来很简单，但是真正做到却很难。

回顾英、法、美、日等西方发达国家的城镇化进程，我们可以看到，每次城镇化都带来了严重的生态破坏、资源过度利用、城镇文化遗产被破坏，以及空气、水、土壤严重污染等问题。

跟国外主要发达国家相比，我国的资源相对紧缺，人均资源占有量大大低于世界水平。然而，我国能源消耗却十分巨大，能源利用率较低，2008年每万美元能耗是世界平均水平的2.6倍，是美国的4倍，是德国的4.4倍，日本的8倍，英国的5.7倍。

大力发展城镇化，或将引发更多的土地纠纷问题。征用一亩农用地，给农民补偿仅为几万元甚至数千元；一经出让，地方政府却可能获利数十倍乃至更多。如此悬殊“价差”，引发土地纠纷不断。这些纠纷不仅仅指向经济领域，还将指向行政与司法领域。

我们的一些政策往往和现实情况自相矛盾。大力发展城镇化的愿景是好的，想让我们快速进入发展中国家行列，提高民众普遍的生活水平，扩大内需等。但是快速达成这样的目标与我们当前的现实情况严重违背，忽视了很多亟待解决的问题，包括滚雪球般的地方政府债务、不断恶化的环境等。目前农民相关的政策并不完善，包括户籍、福利、就业、收入、医疗等，大力推进城市化则使得农民问题最终进一步蔓延到城市，演变成城市问题。

遥想当年，新中国成立初期，我们在大力推进工业化的时候，使得工业跃进而城市化严重滞后，造成了很多遗留问题。而今，大力推进城市化建设，又有跃进的势头。其实，社会的发展是循序渐进和积淀的过程，任何人为的急功冒进，都是有违客观规律的，或许短期内看到的是日新月异的“奇迹”，但是无情的时间往往会给我们一个客观的评判。

三、激进的摩天大楼

城镇化的最直观表现，便是一座座拔地而起、“美艳且冷峻”的高楼。其作为城市的名片同时，又折射出背后疯狂的攀比和利益追逐。

过去几年，中国究竟冒出多少摩天大楼？如果按照“152米”这个标准统计，在建的就有200多座。未来十年内，将有1300座落成。无论是已建成的高度排名世界前十的建筑，还是在建排名前十的建筑，中国均占半壁江山。如果说，迪拜塔的落成，超过了人们对于摩天大楼高度的想象力的话，那么在我国目前上演的摩天大楼高度竞赛，则不仅仅在考验想象力，更多的是带给我们一种心跳的感觉。

从20世纪30年代开始，建造高楼的热潮便已袭来。当时纽约市建造了上百栋摩天大楼，其中也包括后来闻名世界、被我们耳熟能详的帝国大厦，帝国大厦保持“世界最高建筑物”的称号长达40年。到了20世纪60年代，日本东京也开始掀起建设高楼的热潮。当时急速膨胀的日本经济，加速了日本人民对身份和地位的无限渴望和追求，促使了一座又一座摩天大楼在东京新宿地区傲然落成。

不同的时代，人们对高楼的欲望和目的都有相似之处，都是为了展示自己国家或者城市强大的经济实力和科技水平。然而，与当年的美国、日本相比，中国现在的“高楼冲动”却有另一番味道。如果说20世纪30年代的纽约需要通过高楼来显示自己的经济和科技实力，而日本在60年代需要通过建设高楼来证明日本战后的复苏，那么当今中国各大城市兴建摩天大楼则是一种“暴发户”式的炫耀，摩天大楼已经不再是技术、先进、时尚

互相赶超的摩天大楼

和实力的唯一象征。

然而，正如更多头脑清醒的人所看到的那样，这样的“城市炫富”始终无法掩盖骨子里透露出来的幼稚、虚弱和不自信。仅仅靠一栋或几栋可以跻身“世界高度”的摩天大楼就能提高一座城市的国际地位，这样的想法无疑太过投机取巧甚至可笑。建筑的高度并不能代表城市的文明程度，同理，建筑的翻新指数也不能代替居民的幸福指数。事实上，世界最高摩天楼的落成甚至反而被一些学者看作是经济衰退的前兆。

2000年，经济学家安德鲁·劳伦斯（Andrew Lawrence）通过对近百年间世界摩天大楼开工建设与商业周期波动高度相关，得出一个结论：摩天大楼的竣工往往是经济盛极而衰的拐点，大厦建成之日，往往便是经济衰退之时。经济学界称之为“劳伦斯定律”，或称之“摩天大楼魔咒”，这一再被事实所检验：2001年建成的台北101大楼见证了高科技泡沫破灭；2007年7月，828米的“哈里发”塔被正式确认为全球最高建筑，迪拜债务危机随后爆发；2008年8月，上海环球金融中心落成，平安保险的一个“高度不设限”的摩天大楼在深圳计划动工，9月全球金融海啸汹涌而至……冥冥之中，“摩天大楼魔咒”频频显灵。

如果往前追溯，1904 ~ 1909年，美国纽约的大都会人寿大厦刷新了世界高楼纪录，期间金融危机席卷全美；1929年、1930年和1931年，纽约的华尔街40号大厦、克莱斯勒大厦和帝国大厦相继落成，期间发生了世界经济史上最为骇人的“大萧条”；20世纪70年代，纽约世贸中心跃为全球最高，随之而来的是石油危机；1997年，吉隆坡双子塔楼刷新世界最高纪录，东南亚金融危机随之发生。在过去的一百多年时间里，这个魔咒似的“定律”一直屡试不爽。

当出现太多的巧合，它们的背后就一定潜藏着某种必然规律。总结出“摩天大楼指数”的安德鲁·劳伦斯为我们揭开了谜底：“宽松的政府政策及对经济乐观的态度，经常会鼓励大型工程的兴建。然而，当过度投资与投机心理而起的泡沫即将危及经济时，政策也会转为紧缩以因应危机，使得摩天大楼的完工成为政策与经济转变的先声。”

尽管这样的前车之鉴历历在目，一场近乎疯狂的“高空大赛”却依旧席卷中国的各大城市，中国的“摩天时代”正在快速降临：城市天际线日复一日地不断拔高；数以百亿、千亿的资金正源源不断地朝这条“登天之路”埋头狂奔。南京紫峰大厦，450米；广州东塔，530米；武汉绿地中心，606米；深圳平安金融中心，660米；长沙远大科技集团与建造的“天空之城”，838米，比现在世界第一高楼迪拜哈利法塔还要高出10米……

以下我们看看目前我国拟建、在建十大摩天大楼。

① 长沙天空城市（838米）。2012年6月5日，远大可建科技有限公司与长沙市望城区人民政府签订战略协议，计划用7个月的时间，规划建设这座建筑面积100万平方米、总投资不低于40亿元的城市地标，高达838米。这一高度比迪拜塔还高十米。

② 深圳平安金融中心大厦（646米）。大厦塔顶高度为646米，主体高度为588米，建成后将是“深圳第一高楼”。中国平安人寿保险股份有限公司于2007年11月6日以挂牌起始价16.568亿元竞得深圳福田中心区这一商务

模拟的未来第一高楼——长沙天空城市（838米）

地块，用于建设中国平安集团总部。工程总投资高达95.5亿元，于2009年8月开工，预计2014年竣工。

③ 武汉绿地中心大楼（636米）。经规划调整后增高至636米，是武汉绿地国际金融城的一部分，预计建成后将成为“华中第一高楼”。该项目2010年12月8日开工，总建筑面积约300万平方米，总投资逾300亿元。

④ 上海中心大厦（632米）。高632米，项目面积43.40万平方米，建筑主体为118层，2008年11月29日进行主楼桩基开工，预期到2014年竣工。总投入将达148亿元。

⑤ 中国117大厦（570米）。天津高新区国家软件及服务外包产业基地综合配套服务区首个建设项目。总设计高度在570米以上，占地83万平方米，规划建筑面积183万平方米。由高银地产投资，中建三局负责兴建。预计花费15.1亿元，2014年竣工。

⑥ 贵阳中天未来方舟（540米）。号称“贵阳迪拜”，高度为540米。由贵州唯一的上市房地产企业中天城投集团打造，位于贵阳新区，项目2011年8月16日开工，计划五年内完成全部开发，投资规模达到600亿元。

⑦ 华西龙大楼（538米）。由曾斥资25亿修建74层高超豪华“新农村大楼”的华西村计划兴建。拟投资60亿，538米高，预计将花费12年时间建成，到建村60周年投入使用。

⑧ 广州东塔（530米）。位于珠江新城核心位置，最终规划将建设116层，高度将达到530米，建成后将成为“广州第一高楼”。预计在2016年建成，项目整体投入预计将超过100亿元。

⑨ 北京中国尊（528米）。由中信地产投资240亿人民币兴建，2012年动工，2016年封顶。占地总面积达1.15万平方米，地面共108层，高528米。

⑩ 重庆国际金融中心（520米）。顶尖高520米，位于江北嘴腹地。由重庆江北嘴中央商务区开发投资有限公司、美国兆华斯坦地产集团、重庆鑫根置业有限公司三方合作修建。总投资100亿元人民币，建筑面积将达50万平方米，建设时间为2011～2015年。

历史的经验启示人们，摩天大楼往往是一国经济体中最突出、最凶险而又最为色彩斑斓的泡沫。有报告显示，中国正在成为世界第一摩天大楼国家，在建的摩天大楼总数已超200座，相当于美国现存同类摩天大楼的总数。不断改画天际线的摩天大楼在拥趸者看来，那是城市竞争力、国家财富的象征，但遍地开花的摩天大楼，也是一些城市经营者醉心于跻身国际大都市的荣耀工程、梦幻工程。

色彩斑斓、令人眩晕的摩天大楼背后，折射出片面强调经济性的冲动。但高度和速度一样都是有安全边界的，经由科学核算，超过300米的摩天大楼，建造、维护成本极高，经济学上称之为“商业不经济”，而且建筑的高度与环保成反比，同时安全隐患陡增。纵使摩天大楼的建造者和管理者使出浑身解数来，风雨雷电的侵蚀，依旧加速折旧着大楼的“红颜”。从一个极端的角度来看，美国世贸大楼在恐怖袭击下之脆弱表现，生动且严肃地揭示了摩天大楼最致命的安全隐患。正所谓“脆弱的繁荣”！

面对这样的情况，我们的城市在一味追求“荣耀建筑”、“梦幻工程”的同时，有没有做好抗衰退打击的准备？它们又如何去回答“超过300米的摩天大楼在建造、维护和管理成本上相当不科学、不经济、不环保、不安全”这样的难题？这些都是相当值得我们静下心来思考的问题。

我们需要看到，凡是以摩天大楼推动经济增长、促进社会繁荣的举措，最后似乎都未幸免于“魔咒”。你追我赶的摩天大楼竞赛，只能造成经济过热和房地产的畸形繁荣。对转型期的中国经济而言，速度宁可慢一点，楼的高度宁可矮一点，也不要这般急功近利。

如果我们将眼光穿越经济利益测算和城市安全的话题，进入城市的终极目标本身，那么更值得我们沉思的，将是如何树立一个真正人性化、科学化的衡量城市优劣的价值体系，从而使中国城市告别急于通过建筑高度向外界展示实力并迫切希望获得认可的初级阶段。

历史的广角镜一再警示我们，赚足世人眼球的摩天丛林，依靠金融的力量不断的“长高”，其背后牵连着一家家金融机构的身家性命。一个个试图刺破苍穹的摩天大楼，已成为见证泡沫和浅薄轻狂的代名词。这些水泥丛林，究竟能够承载多少民族尊严和希望？抑或只能作为供我们膜拜的体现现代化发展的最为直观的视觉图腾？

四、“暴风雨”中的神木

作为中国第一大产煤大县的神木，探明储煤面积占全县总面积的59%，达到4500平方公里，已探明储量500亿吨，且当地煤层断层少，埋藏浅，易于开采，煤质优良也属罕见。2005～2012年，神木的煤炭价格从68

元/吨飙升到680元/吨，涨价10倍。这场资源盛宴带来了无数一夜暴富的神话，即便是普通的农民，都感受到了煤炭带来的实实在在的好处。随着煤炭价格的持续高攀，神木县，陕北的一个小县，如此一个价值洼地，吸引着越来越多的资金持续涌入。民间借贷正是在这样的背景下被“点燃”。

神木的民间借贷最初主要是流向煤矿。起初，由于煤价的持续走强，即便只买卖煤矿，不开采，也可在易手中获得高额利润，因此3分以上的民间借贷利息根本毫无压力。极个别时期，典当行中的大户和老板提供5天以内的大额资金紧急周转，开价高达5角，年利率为600%，约为银行利率的100倍。

随着外埠资金的闻风涌入，民间游资规模的增长和民间借贷网络的进一步延伸，一些当地煤矿在频繁易手中已经被炒到天价，因此民间借贷的集资者开始将资金投向更广泛的领域。近处的鄂尔多斯、西安等地自不待言，资金甚至还被投到了四川、湖北等地的煤矿当中。

民间集资如同水流般无孔不入，随之而来就是房地产借贷和当地房价的水涨船高。产业结构和城市建设都相当落后的神木，房地产市场的火热却堪比一线城市，疯狂程度难以想象。

和很多中小城市一样，在这场失去理智的借贷狂潮中，政府再次“失位”。政府私下里却对民间借贷持鼓励的态度。与此同时，当地许多官员也涉足民间借贷，导致民众对当地政府的管理缺失颇有怨言，几次群体性事件因此而被触发。不仅神木当地公务员涉足民间借贷相当普遍，就连榆林市委市政府的官员，也有很多私下与“典当行”过从甚密。

事实上，在神木县十之七八的普通家庭都曾经参与炒房。在煤炭市场火热，全县经济总量节节攀升至千亿规模的过程中，不少人都因炒房发财。但随着2012年下半年煤炭经济不济，尤其是2013年7月神木信贷危机爆发后，大部分炒房者都成了房东。由于房价在短短几年内暴涨暴跌，当地上演的炒房神话亦宣告破灭，从最初的每平方米5000余元，急速升至2万元，目前又下跌至七八千元，不少人都炒得倾家荡产。

神木新城全貌（图片来源：财经中国）

昔日西北明星县神木正在为曾经的急速扩张而遭受城区最为严重的房产危机。在煤炭经济繁荣的2010年前后，神木县经济总量位列陕西第一大县，神木县城的房价已涨至1万元/平方米，与省会西安并驾齐驱。在高房价和政策鼓励的刺激下，新楼盘纷纷拔地而起，严重供过于求。随着煤价疲软和民间借贷崩盘，过度膨胀的房地产泡沫被刺破。总人口仅40多万的神木县，却有数百万平方米的房产，成为空荡荡的“鬼城”。即便在神木市区内，房屋的空置率也在50%以上。

在债务危机冲击之下，多处在建工程停工，劳资问题纠缠不清，商业、服务业备受挫伤，且流动人口急剧下降。而伴随房地产崩盘的则是，神木这个东方的“科威特”经济面临着严重的下滑。

神木县的统计公报显示，2013年全县实现地区生产总值925.54亿元。而2012年该县曾冲破千亿大关，实现GDP1003亿元。2013年该县财政收入也出现了下滑，其全年收入175.26亿元，比2012年下降20.6%。经济总量及财政大幅下降的背后，是2013年该县全社会固定资产投资放缓。数据显示，该县2013年全年全社会固定资产投资完成285.58亿元，比2012年下降

17.8%；城镇固定资产投资248.07亿元，比2012年下降16.7%。

神木出现“鬼城”现象，是曾经煤炭经济狂热、当地急速扩容的后遗症。不理性投资、当地有关部门缺乏相应举措对民间资本进行疏导，从而造成目前的“鬼城”深套数百亿资金的难题，以及背后高利贷、三角债烂局。

从温州到鄂尔多斯，再到神木，经济危机在刺破了楼市泡沫的同时，也冲垮了当地赖以自傲的信用体系。利字当头，使得政府和民众都在逐利的游戏中难以自拔，快速上马且并非理性的新城建设，失去约束肆意蔓延的民间借贷，使得原本朴素的信用体系恶性膨胀，而一旦现实骤然冷却下来，就只剩下崩塌后萎缩变形的信用。

毫无疑问，无论是政府行为，还是民间借贷，都应该在合法化、规范化的框架体系下运行，依靠道德、自觉和习惯是无法保障利益的，神木就是这样一个典型的反面教材。只有加强法制、规范和监督，才能重塑和稳固社会信用体系，才能让城市建设、民间金融长治久安。

第3章
利率市场化箭在弦上

Urgent Reform

利率管制下容易造成社会贫富分化。当不同的企业或者群体享受着不同的信贷政策时，机会之门已经在向一部分人关闭，同时向另一部分人打开。当一些权贵阶层以极低的成本获得社会资金时，绝大部分人则面临着通胀的吞噬、物价的“追杀”……

利率市场化将会使当前的金融体系重新洗牌，而由此带来的利益分配矫正，将会冲击现有利率体制下的既得利益群体，这些富有的、握权的既得利益者，是利率市场化的真正阻力。

一、银行被谁催肥

2013年前三季度，归属于中、农、工、建四大国有银行母公司股东的净利润分别为1253.15亿元、1379.88亿元、2055.33亿元、1764.82亿元，归属于母公司股东的净利润总计6453.18亿元。前三季度，中、农、工、建四大国有银行的净利润分别增长了12.68%、14.91%、10.74%、11.56%。

回顾2012年，这四大国有银行的净利润为7229亿元，2013年按照目前前三个季度的数据预计，全年净利润能够达到近9000亿元。

这样的利润，瞬间可以秒杀其他所有大型国企、民企，甚至远高于排名中国500强企业第一、第二的中石化、中石油。这两大“高富帅”，其利润与这几大国有银行相比，逊色许多。这更让那些由于融资而犯愁的企业们望尘莫及。可以说，尽管国内经济在世界经济疲弱的大环境下受到影响，但国有银行庞大的客户基数，依然让其底气十足，利润无忧。

说到这里，笔者还能想到2011年一位银行高管说出的一句异常经典的话：“企业利润那么低，银行利润那么高，所以我们有时候利润太高了，自己都不好意思公布。”这是2011年12月份在北京举行的“2011环球企业家高峰论坛”上，民生银行行长洪崎说的一句话。

众所周知，银行业并非是通过生产产品来获取利润，它的利润主要来自于两个途径：一个是货币政策，即存款和贷款的利差收入；一个是各种收费。而我们的银行“‘进货’实行‘计划经济’，利率是不能随行就市浮动的”。通俗点说，就是储户把钱存入银行只能低利率，而银行放贷必须是高利的。如此“大斗进、小斗出”，银行业利润岂能不高？

与此同时，银行业收费更是五花八门。2013年4月，武汉大学法学院教授、博士生导师孟勤国领衔做的一项调查报告显示，现在银行收费项目达3000种，而2003年时仅有300种：零钞点钞费、换折费、跨行取款费、异地通兑费、重制卡费、重置密码费……并且收入也是惊人，以办卡为例，每个卡每年得收十几元，一个银行仅发卡一项就能挣几十亿元。

可见，高得让行长都“不好意思”的银行业利润，实际上是国家强制赋予的，是行业垄断使然，不高都难。对于众多融资无门、苦心经营的企业来讲，大家完全不在一个世界，本该是相融共生的企业与银行，却在利润高低上“冰火两重天”。

事实上，受到全球金融危机和国内调控政策影响，实体经济发展受到制约，许多企业出现亏损，通胀加剧，居民购买力不断下降。但银行却利用紧缩之机直接提高或变相提高贷款利率，收取各种费用，银行业服务实体经济的作用受到广泛质疑。正可谓只会对大型央企、国企等垄断企业锦上添花，不能为中小企业雪中送炭。银行业与实体经济反差巨大，争议自然会出现。

在一个资本自由流动的经济体内，行业利润率最终会向社会平均利润率靠拢。而一个行业的利润率较长时间远高于社会平均利润率，主要有两方面原因，一是存在资本流动的障碍，或是技术壁垒，或是行政壁垒。我国银行业存在较高的行政壁垒，体现为管理层面的机构审批、准入门槛，由此带来的“暴利”存在明显不公，导致寻租、腐败等一系列问题。二是价格管制，且管制定价偏高。目前，我国银行还没有获得直接的定价权，但央行管制利率为银行保留了足够的保护利差。

由此可见，金融改革是目前改革的一个大课题，因为这直接涉及我国基本的经济环境。没有好的经济基础，很多的计划也只能如空中楼阁。为了更好地服务实体经济，未来银行业准入门槛有必要进一步降低，同时引入民间资本进入银行业，发展中小银行，推动利率市场化改革，使银行业能更好地为实体经济特别是中小企业提供服务。

通过十八届三中全会关于金融改革的相关条款可以看到，我国在未来对金融领域的变革，将是值得期待的。以下为部分节选：

> 完善金融市场体系。扩大金融业对内对外开放，在加强监管前提下，允许具备条件的民间资本依法发起设立中小型银行等金融机构。推进政策性金融机构改革。健全多层次资本市场体系，推进股票发行注册制改革，多渠道推动股权融资，发展并规范债券市场，提高直接融资比重。完善保险经济补偿机制，建立巨灾保险制度。发展普惠金融。鼓励金融创新，丰富金融市场层次和产品。
>
> 完善人民币汇率市场化形成机制，加快推进利率市场化，健全反映市场供求关系的国债收益率曲线。推动资本市场双向开放，有序提高跨境资本和金融交易可兑换程度，建立健全宏观审慎管理框架下的外债和资本流动管理体系，加快实现人民币资本项目可兑换。
>
> 落实金融监管改革措施和稳健标准，完善监管协调机制，界定中

央和地方金融监管职责和风险处置责任。建立存款保险制度，完善金融机构市场化退出机制。加强金融基础设施建设，保障金融市场安全高效运行和整体稳定。

2013年7月3日，国务院总理李克强主持召开国务院常务会议，部署审计后整改工作，研究激活财政存量资金，讨论并通过了《中国（上海）自由贸易试验区总体方案》和《中华人民共和国外国人入境出境管理条例（草案）》。

《中国（上海）自由贸易试验区总体方案》强调，在上海外高桥保税区等4个海关特殊监管区域内，建设中国（上海）自由贸易试验区，是顺应全球经贸发展新趋势，更加积极主动对外开放的重大举措。要进一步深化改革，加快政府职能转变，坚持先行先试，既要积极探索政府经贸和投资管理模式创新，扩大服务业开放；又要防范各类风险，推动建设具有国际水准的投资贸易便利、监管高效便捷、法制环境规范的自由贸易试验区，使之成为推进改革和提高开放型经济水平的“试验田”，形成可复制、可推广的经验，发挥示范带动、服务全国的积极作用，促进各地区共同发展。这有利于培育我国面向全球的竞争新优势，构建与各国合作发展的新平台，拓展经济增长的新空间，打造中国经济“升级版”。

上海自贸区的成

立，对于我国经济更加市场化的发展，具有重要的意义。不论其官方说法与实际效果之间有多大的差距，其积极的意义是值得肯定和赞许的。但愿上海自贸区能够带给我们更多的惊喜和实惠，带给我国经济更多的活力和发展空间。

关于自贸区的一些常识

广义的自由贸易区，通常指两个以上的国家或地区，通过签订自由贸易协定，相互取消绝大部分货物的关税和非关税壁垒，取消绝大多数服务部门的市场准入限制，开放投资，从而促进商品、服务和资本、技术、人员等生产要素的自由流动，实现优势互补，促进共同发展，如北美自由贸易区、美洲自由贸易区、欧盟、中国—东盟自由贸易区等。

狭义的自由贸易区，是指一国国内，一个或多个消除了关税和贸易配额并对经济的行政干预较小的区域，往往是自由港的延伸。如巴拿马的科隆自由贸易区、德国汉堡自由贸易区等。

1. 北美自由贸易区

1992年8月12日，美国、加拿大和墨西哥3国就《北美自由贸易协定》达成一致意见，并于同年12月17日由三国领导人分别在各自国家正式签署。1994年1月1日，协定正式生效，北美自由贸易区（NAFTA）宣布成立。三个会员国彼此必须遵守协定规定的原则和规则，如国民待遇、最惠国待遇及程序上的透明化等来实现其宗旨，借以消除贸易障碍。自由贸易区内的国家货物可以互相流通并减免关税，而贸易区以外的国家则仍然维持原关税及壁垒。

北美自由贸易区成立十多年来，美、加、墨三国由于取消贸易壁垒和开放市场，实现了经济增长和生产力的提高，尤其是墨西哥的加入，使得NAFTA成为十年来南北区域经济合作的成功范例，国际间对于发达国家和发展中国家能否通过自由贸易实现经济的共同增长、迈向经济一体化的疑问，基本得到消除。

北美自由贸易区目前已发展成为囊括了4.2亿人口和11.4万亿美元的国民生产总值、世界上最大的自由贸易区。

2. 欧盟

欧洲联盟（EU）是世界三大自由贸易区之一，其实质是一个集政治实体和经济实体于一身、在世界上具有举足轻重的巨大影响力的区域一体化组织。欧盟的诞生使欧洲的商品、劳务、人员、资本自由流通，使欧洲的经济增长速度快速提高。

目前欧盟的经济实力已经超过美国，居世界第一。随着欧盟的扩大，欧盟的经济实力将进一步增强，尤其重要的是，欧盟不仅因为新加入国家正处于经济起飞阶段而拥有更大的市场规模与市场容量，而且，作为世界上最大的资本输出的国家集团和商品与服务出口的国家集团，再加上欧盟相对宽容的对外技术交流与发展合作政策，对世界其他地区的经济发展，特别是包括中国在内的发展中国家至关重要。

2010年，欧盟生产总值16.11万亿美元，人均GDP3.23万美元。

3. 中国—东盟自由贸易区

中国—东盟自由贸易区（CAFTA），是中国与东盟十国组建的自由贸易区。2010年1月1日，贸易区正式全面启动。自贸区建成后，东盟和中国的贸易占到世界贸易的13%，成为一个涵盖11个国家、19亿人口、GDP达6万亿美元的巨大经济体，是目前世界人口最多的自贸区，也是发展中国家间最大的自贸区。

建立中国—东盟自由贸易区，是中国和东盟合作历程中历史性的一步。它充分反映了双方领导人加强睦邻友好关系的良好愿望，也体现了中国和东盟之间不断加强的经济联系，是中国与东盟关系发展中新的里程碑。

中国—东盟自由贸易区的建成，将创造一个拥有18亿消费者、近2万亿美元生产总值、1.2万亿美元贸易总量的经济区。按人口算，这将是世界上最大的自由贸易区；从经济规模上看，将是仅次于欧盟和北美自由贸易区的全球第三大自由贸易区。由中国和东盟10国共创的世界第三大自由贸易区，是发展中国家组成的最大的自由贸易区。

4. 欧盟与墨西哥自由贸易区

1999年11月24日。欧盟与墨西哥正式签署了建立双边自由贸易区的协定。欧盟希望加强与墨西哥空贸合作的愿望始于1994年墨西哥加入北美贸易自由调。为了与美国争夺势力范围，1995年，当时的欧盟委员会副主席马林提出了新的拉美政策。

1998年11月9日，欧盟与墨西哥就自由贸易问题开始了首轮谈判。欧盟的主要目的是通过与墨西哥建立自由贸易区，与美、加争夺墨西哥市场，扭转北美自由贸易区的建立使欧盟对墨出口大幅下降的局面，并通过墨西哥进入美国和加拿大市场。欧盟—墨西哥自由贸易协定的签署也在一定程度上说明，在经济全球化时代，南北关系可通过多种形式来得到提升。

5. 美洲自由贸易区

1994年，美国迈阿密西半球首脑会议提出美洲自由贸易区（FTAA）的设想，目的是于2005年初在西半球建立一个世界上面积最大、年GDP总值达14万亿美元、拥有8亿人口的自由贸易区。

乐观判断认为，FTAA成立后，将是全球最大的自由贸易区，与欧盟形成对峙之势。目前，由于如巴西等拉美国家与美国在建立自由贸易区的问题上存在较大分歧，谈判遇到了前所未有的困难，谈判进度受到遏制。作为替代模式，一些国家纷纷与美展开了多、双边自由贸易谈判。

6. 巴拿马科隆自由贸易区

巴拿马科隆自由贸易区位于巴拿马运河大西洋入海口处，是西半球最大的自由贸易区，同时也是仅次于中国香港的世界第二大自由贸易区。科隆自由贸易区成立于1948年，与迈阿密共列为对中南美洲转口中心，同时也是全球第二大转口站，仅次于香港。2012年，科隆自贸区的全年贸易总额达291.65亿美元。

巴拿马是中国在拉美的重要贸易伙伴，双边贸易总额在我国与拉美国家贸易中排第3位。同时，巴拿马也是我国在拉美仅次于巴西的第二大出口市场。我国对巴拿马的贸易主要是对科隆自由贸易区的，相当一部分出口商品经过自由区被转到了中美洲和加勒比国家，也有一部分进入南美洲。

二、民企资金之渴溯源

一个国家经济的能否健康发展，其中民营经济起到了至关重要的作用。民营企业的崛起可以使社会经济多元化，充满活力，并在公平的市场竞争中，实现资源、资金、劳动力等的合理配置。民营经济的繁荣，代表着整个社会的大繁荣。

虽然民营企业对于我国经济而言如此重要，但目前我国的民营企业绝大部分的生存现状不容乐观，最主要的则体现在资金的匮乏上。缓解企业经营所面临的资金压力，是金融机构存在的理由之一。但是，目前我国的银行业在我国民营企业发展过程中所起到的作用非常有限。银行从自身的风险以及回报的因素考虑，更愿意将贷款贷给国企，因为国企的垄断地位，往往可以保证贷出去的资金的安全，甚至稳赚不赔。民企则在这方面有着天壤之别，差距过大，不是在一个量级上竞争。即使银行贷给民企资金，其资金成本往往远高于市场的基准利率。虽然目前的一年期贷款基准利率为6.56%，但大多数民企获得贷款的实际利率成本接近20%，有的甚至高达30%。以房地产企业为例，一般从银行之外拿到资金的成本会在月息2分以上，即年化24%的利息成本。而这或许还只是针对五证俱全的小型地产企业。当然，其中还不包括中间人的费用以及其他各项费用。

2009年4月24日，央视《经济半小时》在题为《民企艰难央企利润大增 垄断伤害公众利益》的报道中谈到：大型国有企业与数量庞大的中小企业和民营企业如同我国经济的手心手背，只有它们都能健康成长，中国经济这个拳头才能更有力。但是，在现实中往往不是我们预期的那样。就大型国企而言，不仅占据着大量的政策优势、资金优势，而且往往还居于垄断地位。它们在获取超额利润的同时，加速了对各类资源的占有，控制力不断强化。

一些大型企业甚至上市公司，凭借自身以往的良好信誉，可以很方便地从银行贷到款项（当然上市公司还可以通过一级市场进行扩股融资），而各大银行会贷款给大企业以坐吃利息。这些大型企业通过设立自身的金融公司抑或投资平台，做起了“高利贷”行当。对于上市公司而言，则可以通过扩股融资，从本已趋紧的资金市场募集资金，再对外进行高息放贷。通过以上情况我们不难看到，有钱人可以通过别人的钱来赚钱，而被聚集起来的“别人”的资金被冠以光鲜的名称——资本！而另外的普通大众则越来越缺乏资金。大众的剩余资金亦被冠以“保值增值”良好声誉的房地产市场“卷跑”，两极贫富分化实则不断加剧。

当前银行间接高息放贷，是一种极不健康的现象。在通胀亢奋依旧、中小企业融资环境持续恶化的背景下，银行由于对自身风险的防范，不仅没有起到盘活国内经济的作用，反而加剧了两极分化，扭曲了信贷市场，破坏了我国经济发展的根基。这个根基便是那些对促进我国经济有着卓越贡献但又相对处于弱势的群体——大量的民营企业。

在中国，所谓“影子银行”，指的是银行正规的信贷之外的其他非正式贷款，目前最常见的形式是各类“理财产品”。“影子银行”不像正规银行那样受到严格监管，而且结构也不透明，有时还会违规投资那些不符合放贷条件的房地产开发和基建项目。例如，近年来经常被提及的“地方融资平台”，往往便是各级地方政府借以取得资金，用于基础设施建设及地方支持的大项目的有效手段。

“影子银行”是介于银行正规贷款业务与高利贷、地下钱庄之类非法借贷行为之间的一种合法但模糊的存在。近年来，受到楼市调控等政策束缚的国有商业银行本身为了追逐更高的利润，也纷纷参与以理财产品为代表的“影子银行”业务，它们或是代销，或是直接放贷，从而形成了规模巨大的“表外资产”。

“影子银行”的这种渠道多样、隐蔽性强的“灰色”特性决定了其融资总规模究竟有多大，很难有权威的确切数字。据一些海外投行估算，这个数字目前大约在20万亿元至40万亿元之间，相当于中国GDP的40%~70%。但有一点是确切且令人担心的，在全球金融危机爆发5年来中国的信贷扩张过程中，“影子银行”得到了急速壮大。2012年，2/3的新增贷款来自它而非银行的传统贷款。央行的数据还暗示，目前，中国银行业“表外资产”规模已与其贷款余额数量基本相当。

“影子银行”就像一面镜子，反射出中国银行体系的缺陷和困境：一方面，这一体系至今仍然实行僵死的计划经济管理体制，亟须大力推进市场化改革；另一方面，正因为缺乏合规渠道，而逐利又是资本的天性，这一体系内部无声无息地堆积了大量高风险的债务。用招商局集团前董事长、现博源基金会理事长秦晓的话来说，中国当前同时存在金融抑制和金融过度自由化的乱局。

“影子银行”的出现，使巨额信贷游离于货币政策掌控之外，从而有可能引发严重的信贷泡沫，这是违背国家宏观调控政策的。更重要的是，之所以政策对商业银行监管得如此严厉，如果说其理据是因为国有银行不能很好地甄别贷款风险的话，那么在中国金融业总体低下的经营水平情况下，“影子银行”同样也不能幸免。

中国人民银行决定，自2013年7月20日起全面放开金融机构贷款利率管制。主要内容包括：

① 取消金融机构贷款利率0.7倍的下限，由金融机构根据商业原则自主确定贷款利率水平；

② 取消票据贴现利率管制，改变贴现利率在再贴现利率基础上加点确定的方式，由金融机构自主确定；

③ 对农村信用社贷款利率不再设立上限；

④ 为继续严格执行差别化的住房信贷政策，促进房地产市场健康发展，个人住房贷款利率浮动区间暂不作调整。

尽管中国人民银行对存款利率暂时没有放开，但放开贷款利率，是一个非常重大的举措，迈出了利率市场化的最关键和最重要的一步，这标志着推动近10年的中国利率市场化改革正式进入关键阶段。

此次利率市场化的改革，最直接的目的，被业内人士解读为是为了降低企业融资成本，支持经济增长。但更多的是象征意义大于实际意义，因为目前银行信贷大多数仍在基准利率以下，而按照过去央行所设定的以7折基准利率下限发放的贷款在市场中更是难觅踪影。完全放开贷款利率，对于银行业短期来说影响并不大。此次央行仅放开了贷款端利率 ，而没有放开存款端利率，体现了其一贯的审慎风格，也恰恰反映了央行对于可能出现的风险的担忧。

利率实现市场化后，最直接的冲击将是银行业，过去由非市场化利率形成机制所催生的令银行业利润丰厚的存贷利差，将随着利率市场化的推进而一去不复返。在获得定价权的同时，银行业将发现自己置身于更为激烈的市场竞争环境中，自身的经营业务水平、风险管理，将被迫上一个新台阶。

三、现实土壤滋生高利贷

所谓“高利贷”，是指高利息的贷款（通常判断标准是以利息高于同期银行贷款基准利率的4倍为界，4倍以上则为高利贷，不受法律所保护）。高利贷在很多地区属于非法行为，一般无需抵押，更多的都是以“打借条”的形式进行的。高利贷借款契约不受法律保护，在法庭会被宣告无效。这也就解释了当前民间“高利贷”市场上的崩盘现象以及相应的人身惨剧不断发生的原因。

“高利贷”是民间金融在不合理的货币政策下的异化。“高利贷”现象在我国既有的利率体制之下，随着央行的非市场化货币政策的推出，在一些地区泛滥（尤其是江浙一带），成为我国经济健康发展不得不面对的挑战。

随着“高利贷”的扩散，不仅在我国部分地区形成了所谓的“全民放贷”，而且一些正规的金融机构也“隐形”地介入这个疯狂的市场。银行觊觎高利贷厚利，纷纷暗度陈仓。部分商业银行联手担保公司抽取高额佣金，从而高利贷资金链频现银行掮客。部分上市公司凭借固有的优势和便利，低息从银行贷款，并成为市场上高利贷资金的中转站。从银行到担保公司、从小额贷款公司到普通民众，全都涉足高利贷，说明中国金融机构已经溢出央行与银监会利率管制的边界，向民间市场渗透。由于这一渗透过程广阔而无监管，因此风险在不断放大。

当前的高利贷影响范围很广，已经牵连到广大普通百姓的生活，资金链的断裂、财富的损失、信用的崩溃以及人身伤亡……

2011年4月13日，传资产高达40亿元的包头巨商金利斌以惨烈的方式自焚身亡，身后留下14多亿元的高利息债务，包头部分商业银行、农信社、典当行、担保公司及大量个人卷入其中。这一方式，是民间金融面对金融失血症困顿挣扎的象征。

2012年5月21日下午，浙江省高级人民法院经重新审理后，对吴英集资诈骗案作出终审判决，以集资诈骗罪判处吴英死刑，缓期两年执行，剥夺政治权利终身，并没收其个人全部财产。这个通过民间借贷而走向大众视线的浙江女富豪，在写就自身传奇的同时，也埋下了人生的苦果。“传奇之星”的升空与陨落，只在弹指间，令人唏嘘不已！

地处陕北高原的神木县，依靠得天独厚的煤炭资源优势，令很多人富了起来。各种民间资本蜂拥而至，为当地的煤矿提供融资服务。走在陕西神木街头，放眼望去，随处可见各种豪车，但事实上，很大一部分开豪车的不一定是有钱老板，而是一个债台高筑、随时可能跑路的人。这种情形，在江浙的温州、泗洪等地都有出现。不过这样的“盛景”往往不能长久，各式各样招摇过市的豪车，完全可以在一夜之间消失。

江苏省泗洪县石集乡曾一度被冠以“宝马乡”的美誉，然而在获此“殊荣”的几个月后，便出现了高利贷崩盘的现象，之前豪车云集的景象

已然不在。很多人都是将车放到二手车市场上卖掉，缓解资金之急。很多工厂倒闭，没有倒闭的也一直在拖欠工人的工资，致使人员流动性很大（很多人试用期

未满就已经离职了，原因在于拿不到工资）。而企业便在如此不断离职和招聘的循环中，企图用低成本的人力劳动来熬过最艰难的时期。之后伴随着的是借贷资金链断裂、某老板跑路等令人扼腕的传闻。这就是当前的真实写照。

投资领域有一句很形象的比喻：只有当潮水退却时，才知道究竟谁在裸泳！背负着巨额债务的老板们，着实是这场高风险游戏中强颜欢笑的裸泳者。就吴英的发迹以及结局而言，其极具代表性，成为我国民间信贷起落的一个缩影。吴英的命运与民间借贷紧紧地拴在了一起，对于吴英个人而言，死缓是一起民事案件的终审，但是对于民间借贷市场而言，改革才刚刚起步。因为，任何事情都是有因才有果，正是由于正规途径的借贷过于艰难，才导致了民间借贷的盛行。说到底，不合理的现象的出现，恰是由于不合理的相关制度所造成的。要防止类似事件的不断浮现，还要从根本上找寻原因。

民营企业发展缺乏资金是一种很正常且普遍的现象，却在我国经济转型的关口面临着不断加剧的窘境。从银行贷款已经成为绝大部分民企的奢望。这些企业在发展过程中一般只有两种选择，要么被“吃掉”，要么寻找资金。在这种情况下，很多企业走向了“高利贷”，而“高利贷”也正是顺应了这种趋势，不断在民间渗透。

高利贷现象的出现，责任并不在高利放贷者或者高利借贷者，而在于本不合理的金融体系，不合理的利率制度。试想，谁愿意冒着人身风险去高成本地借款？谁愿意冒着自己资金可能有去无回的风险而将资金借出？不到万不得已，借款人必然不会如此行事。而没有人愿意高利借款，高利贷市场则必然不复存在。明白了这个逻辑，高利贷市场的出现，就是利率管制催生的“恶果”。一些分析人士将民间金融看作是我国金融体系空白的有益补充，笔者不反对，但是如此观点，是否有包庇当前不合理的利率制度之嫌？

民营企业代表了市场经济，代表了创新、活力。民营企业的遍地开花，不仅可以盘活我国经济，同时可以解决就业，增加政府税收，而且可以在市场环境下竞争，实现优胜劣汰的良性发展。所以民营企业的充分发展，是一个国家经济发展的根本动力和保证。然而，企业都是从小成长起来的，在竞争激烈的环境中，民营企业（尤其是中小企业）始终面临着资金匮乏的发展瓶颈。在绝大部分企业从银行这一正规的金融机构无法获取发展所需的资金的情况下，民间金融顺应而生。之所以其利息较之银行而言更高，是由于民间金融债权人承担了更大的风险。民间金融在缓解我国中小企业资金难题上充当了重要的角色，功绩是不容忽视的。

说到这里，我们就不得不提到利率问题。正是由于欠缺面向市场化的利率，才导致了金融市场乱象丛生。在这里，我们先从利率说起。

四、利率市场化箭在弦上

何谓利率？简单地说，利率便是资金的使用成本，是一定时期内利息额同借贷本金之间的比率。银行的存款利率是其自身使用社会闲散资金所需支付的成本，同时银行又扮演着贷方的角色，以更高的利率将聚集的资金贷给资金需求方，赚取借贷之间的息差。目前，我国银行的主营业务收入便是如此形成的。

所有国家都把利率作为宏观经济调控的重要工具之一。当经济过热、通货膨胀上升时，利率的提高有助于收紧信贷；当过热的经济和通货膨胀得到控制时，利率的回落又有利于市场的活跃。因此，利率是重要的基本经济因素之一。

从银行角度来说，存款利率直接关乎其成本，贷款利率直接关乎其风险。银行对存贷利率的确定，必须从自身的经营实际出发，同时应该在社会活动中发挥着自身应有的作用，为存贷双方提供便利，促进社会的发展。

利率的确定，不仅是由银行根据自身的运营情况而设定的，还与市场上的资金需求程度有关。在市场化的经济环境中，借贷利率应当是由各个市场要素综合而形成的。然而当前，情况却并非如此。现实情况是，国有企业享受着低利率（低成本）从银行贷款的优惠待遇，而占我国经济90%以上的民营企业，面临着比国企高得多的融资门槛，甚至很多企业融资无门，赴险涉足高利贷。

利率的双轨现象，是造成我国经济欠缺活力的一个很重要的原因。在市场化经济的大潮中，利率市场化成为我们不能回避的问题。利率由市场决定，已经成为我们未来的必然选择。

利率市场化是相对于利率管制而言的。利率管制是指政府部门对利率水平的变化设置的一个最高限度（一般是对金融机构吸收存款的利率）和一个最低限（一般是指贷款利率），利率只能在限定的范围内浮动或者不允许浮动，它是国家或政府出于特定目的，将资金利率压低到市场均衡利率之下的一种政策措施。利率管制是计划经济下的产物，在我国改革开放30多年后的今天，随着市场经济的不断发展、金融体制改革的不断深入以及与国际市场的逐步接轨，原有利率管制的弊端愈发显现。造成了经济的低效和失衡，这反过来又制约了经济的进一步发展。利率管制逐步成为我国经济和金融改革中的“瓶颈”。若要保持经济持续、健康的发展，进行

利率市场化改革是一种必然选择。

按照中国目前的利率管理制度，存款利率不能根据市场资金使用需求情况合理上浮，贷款利率下浮空间又相当有限，这种现实无疑保护了银行的利益，而由此带来的银行的垄断以及金融特权，网罗了巨大的利润空间。在利率管制下，银行业利润过高，且依赖管制性利差，不仅损害了存款人利益，也大大增加了其他行业的成本。民间市场利率与管制利率差，还导致地下金融泛滥，造成民间借贷呈现范围广、利率高、数额大的特征，潜伏着很大的社会风险。

利率说到底是资金的价格，对其人为地过多管制，势必造成价格信号的扭曲，对资金的有效使用、资源的合理配置都会形成不合理的导向。

中国国有商业银行等多数金融机构迄今仍延续传统“吃利差”的盈利模式，国内银行的净息差普遍在250～300个基点（2.5%～3.0%），这构成了银行的主要收入来源。稳定的利差收入，导致商业银行缺乏动力告别争夺存款规模的经营模式，难以实现高度专业化。这既抑制了金融机构的活力和韧性，又潜伏着较高的系统性风险。另外，利率的市场化，将会给银行长久以来赖以生存的模式带来挑战。在温室里成熟起来的国有大行，必将面临着步入“社会”的考验，其“优等生”的一贯角色，或将伴着其迈出社会的第一步而不复存在。

一旦利率市场化，银行的中间业务马上就会受到很大冲击，其经营理念就会发生很大变化，迫使它们推出更加多元化的金融产品和服务，真正变成服务型银行，不再依赖利差。而贷款企业的观念也会发生改变，因为贷款成本提高，产业选择投资项目时就会更加谨慎。利率市场化也会从根本上保证国家现行的房地产调控，扶持中小企业发展等宏观政策取得理想效果。

由于利率的管制，带来大量资金进入到低水平发展行业，最为突出的就是房地产行业。由于资金的匹配，很多央企凭借对资金的垄断性优势，获取大量低成本贷款，从而造成房地产行业的畸形繁荣。与之相反，长期的负利率以及金融系统的行政化取向，使得银行和国有企业享受了巨大的制度红利，经济体中最需要融资的部分中小企业贷款却难以得到满足。归根结底，这些都是与利率没有市场化有关，而利率市场化有望使这些问题成为历史。

利率市场化是中国金融业改革的核心战场之一，将在多方面产生巨大影响，某种程度上可以说是对社会、经济的一次重新洗牌。

利率市场化是对传统商业银行盈利模式的一次冲击。中国银行业利差收入占营业收入比重普遍较高，尤其是对中小银行而言。由于其与大型银行相比在技术及创新层面均处于劣势、网点覆盖率较低，使其更为依赖利差收入。然而，大型银行与中小银行相比又在两方面存在明显优势：一是资源充足、资金规模大，二是背后有国家信用做担保。此两点优势就保证无论是在优质客户资源争夺上，还是在存贷款利差缩小的背景下从事高风险高收益的资产投资活动中，大型银行都将占据绝对优势。而中小银行则由于资产规模小且缺乏国家信用担保，抗风险能力较弱，一旦陷入高风险事件造成破产清盘，就会损害存款人的利益，导致存款人可能在利率市场化过程中将存款“搬入”国有大型商业银行。因此，中小银行在利率市场化后不得不承担比大型银行更小的利差以吸收存款并争夺客户资源，从而导致其依赖利差收入的模式难以为继。

历史数据也在一定程度上证明了利率市场化后银行业市场结构确会发

生一定程度的变化。1986年美国利率市场化改革完成之后，美国银行数量呈持续减少趋势。1984年美国共有15084家银行及信贷机构，到2003年已降至7842家，降幅近48%。此外，美国大银行占比逐渐提升，1985年以前资产规模在100亿美元以上的银行占银行总量小于50%，1986年则突破50%并持续增长，1994年达到63.4%。同时，资产规模在1000亿美元以上的银行数量占比则从1990年的8.5%升至1991年的15.9%，并持续上升。

央行行长周小川

这对银行而言，是巨大的挑战。但是对于我国金融业而言，是一次涅槃重生的过程。银行更应该在利率市场化的环境里，强化自身的风险管控能力，更加“亲民”，而并非只知向大佬们献殷勤。

利率市场化或将在区域经济方面产生一定的影响。由于商业银行总是追逐收益最大化，资金存在的目的就是逐利，并且其在目前的技术条件下已不受地域因素阻碍，这必将导致资金在不同地区间自由重组，而回报率高且风险系数小的地区将成为重点关注对象。

与中西部地区相比，东部地区良好的投资环境、率先建立的信用体系、和谐的银企信用关系使其贷款风险较低、回报率相对较高，必将吸引资金向东部地区自由流动，在东部地区形成“环境优越→资金流入→环境进一步优化”的良性循环，而中西部地区却由于自身资金补贴东部地区而陷入完全相反的一种恶性循环，从而加大区域间经济发展不协调的风险。此种效应恐怕不止会发生在东部与中西部地区之间，在城乡之间也将出现。因此，利率市场化后如何兼顾“效率”与“公平”，熨平区域间差异无疑是此后的政策关注重点。

五、利率改革的阻力

利率市场化改革的道理其实很明显，然而改革的实践却一直难以推进，总是徘徊不前。我们在分析利率改革进程中存在的问题之前，首先必须明白当前的银行主要是在为谁服务？明白这一点，背后的原因也就不难理解了。

我国的银行贷款对象，绝大部分均是国有企业抑或是有政府参与其中的房地产之类的暴利行业。可以想象，这些垄断性的企业本身就在行业中面临着很低的风险，因为有权力的支持甚至法律的保护，缺少竞争，贷款相对来说成本很低。长此以往，形成了滚雪球一般的马太效应——愈发垄断，愈发有钱。当垄断达到一定程度时，损害的是大众的利益，因为大众别无选择。

所以，利率市场化后，银行必将由于经营管理等的不同而出现重新洗牌，而由此带来的利益分配矫正，将会撕扯现有利率体制下的既得利益群体，这些富有的、握权的既得利益者，怎会忍心放弃自己的“应得”呢？

很多人将利率市场化迟迟不能实现的原因归结为我国金融体系的不完善。这样的分析其实存在一个悖论：利率不市场化，金融体系就无法完善。究竟哪个应该在前，哪个应该在后？这两者的先后顺序和因果关系是不能颠倒的！金融体系的完善并不是实现利率市场化的前提，同理，利率市场化也不必然带来金融体系的完善。只能说，利率市场化是金融体系走向完善的一个必要环节。明确了以上的关系后，我们就应明白，金融体系不完善更多的是推迟利率改革的一个不值一驳的借口。权贵阶层通过传统管制模式牟利，当要挥刀斩断自身利益通道时，所产生的震荡和阻力可想而知。

金融危机使得地方政府与银行的关系出现了一定程度的变异，即银政关系“重塑”。一方面，地方政府通过繁多的银政战略合作、变相的激励引导和施压、隐晦的政治诱惑等吸引银行大量信贷支持；另一方面，一些银行对于政府信用存在过度信任，在放贷中将当地政府认可度作为重要因素，而忽视了对政府偿还能力的关注。

地方政府债务膨胀之下，从2009年开始，在监管机构每个季度经济金融形势通报会上，地方政府融资平台风险始终是监管的头等大事。2010年底，全国地方政府性债务余额达到10.7万亿元。而2010年以后，尽管地方政府的直接借款大幅减少，但2012年以来影子银行与信托产品快速增加，且多数贷给了基础设施项目，又引发了外界有关影子银行风险的讨论。由审计署发布的审计报告显示，截至2013年6月底，地方政府负有偿还责任的债务10.89万亿元，负有担保责任的债务2.67万亿元，可能承担一定救助责任的债务4.34万亿元。

简而言之，尽管目前中国的银行业整体实力有了大幅提升，尤其是四大银行已经走进了国际大型银行之列，但规模大不等于竞争力强，利润高不等于机制好，网点多不等于服务优，且普遍存在着“速度情结”和“规模冲动”，这种通过资产扩张而倒逼资本补充的现象不可持续。

由此可见，当前我国很多问题的由来，都和管制式利率有着或多或少的联系。

利率管制下容易造成社会贫富分化。当不同的企业或者群体享受着不同的信贷政策时，机会之门在向一部分人关闭的同时，则向另一部分人大开。当一些权贵阶层以极低的成本获得社会资金时，绝大部分人则面临着通胀的吞噬、物价的“追杀”……

当前普遍流行一句话：穷人借钱给富人使用。这不仅可以用来诠释中美两国之间奇异的关系，更可以用来解释当前我国贫富差距不断拉大的现实。缘何绝大部分民众将用心血积攒的资金存于银行，却“享受”着跑不赢物价疯涨的可怜利息。而部分人却可以轻而易举地用这些钱来盖楼，以高得令人咋舌的价格甩给市场，让绝大部分民众倾其所有？

其实不只利率，任何一个价格一旦被扭曲，受到特别行政权力干预的时候，都必然导致不平等。这种不平等则必然引来寻租的出现。当这样的不当价格长期在社会各阶层渗透，便如同疾病在人的身体中蔓延，时间越久，医治的难度越大。可以想见，深入骨髓的病症，需要刮骨疗伤般的疼痛和毅力。

国际利率市场化的进程

各国所采取的利率管理体制，根据各国的不同情况而定，主要有以下几种：

① 国家集中管理：利率基本由国家货币当局进行管理，中国在改革开放以前，苏联、东欧等都采取这种形式，调整利率和制定利率政策都是由国家进行。

② 市场自由决定：发达国家主要采取这种形式。利率市场化管理是现代利率管理的重要内容，但并不是所有发达国家的利率都由市场

自行决定，而且发达国家也并不是一直如此，而是近些年才逐渐实现的。

③ 市场管理和国家管理相结合：即某些重要的利率由国家来确定，其他利率放开。改革开放后的中国类似于此，存贷款和再贷款利率由国家决定，而同业拆借、国债利率逐步放开，现在逐步过渡到了除存款利率外，其他利率几乎全部由市场决定的阶段。

20世纪八九十年代，各国包括欧美等发达市场经济国家大都经历过从严格利率管理到逐步放松管制的过程，也就是经历从利率管制到利率市场化的过程。

① 美国的利率市场化改革。美国的利率市场化改革，是一个典型的发达金融市场逐渐向政府管制“逼宫”的案例。始于1929~1933年大危机之后的Q项规则是美国利率管制的象征。所谓Q项规则，只是按照联储规则顺序排出的一项规则，如第一项为A项规则，而对存款利率进行管制的规则正好是Q项，所以称为Q项规则。该规则规定（按照银行法），银行对于活期存款不得公开支付利息，对于储蓄存款和定期存款的利率设定最高限度，所以Q项规则变成对存款利率进行管制的代名词。Q项规则的实施，对30年代维护和恢复金融秩序，以及40年代至50年代初的美国政府低成本筹措战争借款和战后美国经济的迅速复苏，起到了一定的积极作用。但是随着战后美国经济的迅速增长，国民财富的增加，到了50年代中后期，特别是60年代之后，Q项规则的弊端逐渐显露出来。另外，由于Q项规则只是规定金融机构的存款利率上限，不干涉金融市场上的其他利率，导致到了60年代中期市场上的利率与Q项规则规定的最高利率之间的差距越来越大，干扰

了正常的经济运行。到1979~1980年时，整个经济形势已极为严峻，主要表现在：A.史无前例的高市场利率；B.存款机构存款锐减，货币市场资金激增；C.一些大银行经营困难；D.金融创新工具层出不穷。迫于形势，美国国会于1980年通过了《解除存款机构管制与货币管理法案》，从而揭开了利率市场化的序幕。此后的6年中美国成功废除了Q项规则，于1986年3月成功地实现了利率市场化。

② 日本的利率市场化改革。从1977年4月大藏省正式批准各商业银行承购的国债可以在持有一段时间后上市销售，到1994年10月放开全部利率管制，日本经过17年的努力，最终成功地实现了利率市场化。日本的利率市场化改革大致经历了以下四个过程：A.实行国债交易和发行利率的市场化；B.丰富短期资金市场上的交易品种（主要是丰富大额可转让定期存单CD和商业票据CP两个交易品种），并扩大其交易规模，实现银行间市场、中长期债券市场、短期资金市场上大额交易品种的市场化；C.在拓展市场交易品种和扩大交易规模的基础上实现交易品种小额化，将市场利率从大额交易导入小额交易；D.实现存贷款利率的市场化，完全放开利率管制，实现利率的全面市场化。

③ 印度尼西亚的利率市场化改革。印度尼西亚的利率市场化是从1983年6月开始的。其目的在于石油收入减少之后，强化金融体系动员金融资源的能力，使之由管制金融变为市场化金融。如果仅从对国有银行利率管制的完全放松来看，可以认为印尼当时就实现了利率自由化。但如果结合其他国内金融改革来分析，可以发现后续几年印度尼西亚政府一直在完善对利率信贷直接管理的政策，因为此次改革仅

在利率上放开了管制，而在信贷上的控制仍然较为严格。所以1988年10月推出的PAKTO及后续措施，便是为了巩固1983年改革的成果，进一步将其推向完善。印尼的利率改革有着鲜明的特色：一是违背了被理论家们普遍认同的正常改革顺序，将资本账户开放在先，将国内金融改革置于资本流动背景下进行；二是对利率信贷管制的放松置于国内其他金融改革之前；三是利率改革在没有发达货币市场的背景下展开。

④ 马来西亚的利率自由化。马来西亚可能是亚洲国家中最早开始尝试利率自由化改革的国家，也是曲折反复相对较多的国家。1971年，马来西亚商业银行规定超过4年的存款利率由银行依据市场供求自行决定。次年，超过1年的存款利率也依此办理。1973年8月1日，金融公司（主要以消费信贷和中小企业为服务对象）的存款利率也可自行决定。这些仅仅只是改革的前奏，真正大规模利率自由化是由1978年10月开始的，当时马来西亚货币当局完全放开商业银行的存款利率。由于商业银行有权自由决定，存款利率上升时，银行也会随之提高贷款利率，但是当存款利率下降时，已提高了的贷款利率并不随之下降或只是小幅降低。为此，1981年 11月，马来西亚货币当局采用新的利率决定机制，即由当局规定适用于商业银行和金融公司的基准放款利率（base leading rate，BLR），实际的放款利率围绕BLR波动。1985年10月之后在流动性偏紧时期，存款利率再次被管制，1991年2月 1日，马来西亚货币当局再次取消全部利率管制。

⑤ 智利的利率市场化改革。从1974年起，智利新政府在一大批被戏称为“芝加哥男孩”的经济学家推动下，开始了悲壮的货币主义

性质的经济自由化改革，其金融改革最为引人注目。智利的利率市场化改革是以失败的典型为人们所记住，其改革进程充满经验和教训。从1974到1976年，其国内金融自由化改革几乎全部完成。1976年完成银行私有化，1977年实现利率市场化，1979年资本账户开放。在改革后的短期内取得一定成效，但利率放开后，由于金融监管机制的建设不力，银行制度设计上存在缺陷等原因，智利利率市场化陷入困境，1976～1982年，年平均实际利率达到32%，某些单项利率最高时达69%。

智利的利率市场化改革未达到预期目标，不仅出现了储蓄负增长，投资增势缓慢，而且出现了外资过度流入和比索升值等问题，从1979年6月至1982年6月的三年中，外资流入翻了两番，比索大约升值了25%，但到了1981年后期，外资流入量已大幅减少，再加上公众缺乏信心，比索贬值已成共识。1982年6月，智利政府不得不宣布比索大幅度贬值，贬值幅度达18%。此后比索一直处于贬值状态，到1983年时，比索已贬值99%。由于银行大量借外债用于放款，此时，其情形已是智利银行体系的实际破产。智利政府不得不出面对之进行挽救，重新将银行收归政府账下，利率也就不得不被重新管制，利率市场化改革宣告失败。

由此，我们得到利率自由化的经验教训：

① 利率自由化是历史发展趋势。

② 利率自由化改革成功和市场发育程度有关，如果在经济市场化程度不够的条件下，盲目放开汇率和利率会造成可怕的后果，经济难以承受。

③ 利率的改革可能是一种渐进的过程，需逐步放开而不是一蹴而就，还需要同时完善很多配套措施。

④ 要与金融监管体制相适应。必须要有金融监管体制来保证利率改革的成功，否则无法控制利率和汇率改革带来的资本流动，从而可能造成高利率。

⑤ 改革的时机要恰当把握。

第4章

普惠金融正当其时

Urgent Reform

就金融创新而言，创新意味着惠民，惠民则意味着生命力。所以，尽管市场上的互联网金融创新产品对传统金融企业构成的压力或将导致其发展路途并非平坦，但是金融领域的创新之路已经不可扭转。不论类似于余额宝的产品未来之路如何，突破传统的金融壁垒，使得大众真正地从中受益，是我们共同期待和可以看到的未来！

在笔者即将完成本书之际，互联网金融的相关信息屡屡占据了媒体头条，一时间，“马云”、“余额宝”、“互联网金融”、“普惠金融”等高频词汇，让笔者不得不去对这个领域进行一番研读。所思所感，索性添加在利率改革章节之后。因为就本质而言，普惠金融的未来，是以利率市场化为前提的。

一、“疯狂”的“宝宝”

2013年6月13日，阿里集团的高收益理财产品“余额宝”高调亮相，其所宣传的高收益，受到了各界关注以及“宝粉”们的强烈追捧。自此，理财市场上多了一个“明星”，多了人们茶余饭后的谈资。

说到底，“余额宝”实际上是将基金公司的基金直销系统内置到支付宝网站中，在用户将资金转入余额宝的过程中，支付宝和基金公司通过系统的对接 站式地帮用户完成基金开户、基金购买等行为。“余额宝”就是支付宝用户利用支付宝账户余额直接购买基金产品。整个过程与以往的理财产品的购买流程相比，高效、简便，其原因在于，用户利用支付宝的账户及身份认证等资料，完成了以往购买基金产品前的各种繁文缛节，无需再去银行单独开户购买基金产品。

“余额宝”首期支持的是天弘基金的增利宝货币基金。“货币基金”主要投资于短期货币工具如国库券、商业票据、银行定期存单、政府短期债券、企业债券等安全性高、收益稳定的短期有价证券，是基金中风险最低的品种。

支付宝作为国内最大的第三方支付平台，注册用户超过8亿，日均交易额超过45亿元，假设每笔交易的周转时间为5天，则平均沉淀在支付宝内的资金规模就超过200亿元。支付宝庞大的客户资源和资金沉淀给予了余额宝巨大的发展空间。相较一般货币基金，支付宝为客户提供了更为便捷的用户体验，客户可以通过余额宝账户实时消费和向支付宝账户转账，一般货币基金无法提供的此类服务。同时购买门槛低至1元，拥有庞大的用户群，因此吸引了大批年轻的白领投资者。

与活期存款相比，“余额宝”收益水平优势明显，远高于银行活期存款利率。虽在支付结算和取现等方面较活期存款有所不足，但其已实现T+0申购赎回，资金能随时用于消费支付和转出，流动性已大大提升。

当由于“余额宝”的用户基数以及便捷的操作和可观的收益，使天弘基金一跃成为基金中的明星之时，曾经怀疑担忧阿里余额宝业务的同行们，看到阿里的成绩之后才开始纷纷效仿。国内一下子出来了很多某某宝的理财产品，从保险公司到银行，再到其他互联网巨头，都开始冲入这个市场中厮杀。

2013年10月28日，“百度金融中心——理财”平台正式上线，致力于与各金融机构共同定制金融理财产品。“百发”是百度金融中心推出的首项理财计划，由中国投资担保有限公司全程担保，最低投资门槛仅为1元，售后支持快速赎回，即时提现，方便用户资金的流入流出，最高年化收益率高达8%。“百发”一推出，立即被抢购一空。2014年1月15日，苏宁云商携手汇添富基金，隆重推出“零钱宝”，其以货币基金近7%的7日年化收益率为招牌，以每天万个红包奖励为辅助等方式吸引投资者。同一天，微信版余额宝也正式亮相，并定名为“微信理财通”。而华夏基金成为首家上线的基金公司，其背后联接的产品为不久前华夏发行的一只新的货币基金——华夏财富宝。微信理财通普遍被业内人士看好，数据显示，微信目前具有6亿多的活跃用户，月活跃用户数2.7亿，支付宝的活跃用户在2亿左右，从活跃用户的基数来看，微信的优势非常明显。

随着微信平台正式介入现金理财产品，互联网同基金公司的融合正在走向深入，并日益改变基金业的格局。在余额宝推出之前，无论是管理资产的规模、行业口碑、业绩，华夏基金一直是公募基金业公认的NO.1。然而去年以来天弘基金凭借余额宝，在短短7个月时间内规模突破2500亿元，超越自2007年以来一直居首的华夏基金。

借助嵌入式直销的模式和阿里的强大资源平台，余额宝取得了巨大的成功，使得各基金公司纷纷踏上了与电商平台的合作之路，从而改变自身在行业中的格局地位。传统的金融大佬们压力倍增。

正是由于以“余额宝”为代表的“宝宝军团”的冲击，银行脱媒效应在加速。

何为银行脱媒？举一个很形象的例子。银行相当于早期的“红媒”，牵线搭桥，将资金的需求方和资金的供给方连起来，以达到资金的匹配。但是，由于信息的不对称，在整个资金的匹配过程中，中间费用是高昂的。这种息差的收入，成为目前我国银行业收入的主要来源。

金融服务实体经济的最基本功能是融通资金，是将资金从储蓄者转移到投资者手中。资金供需双方的匹配（包括融资金额、期限和风险收益匹配）通过两类中介进行：一类是银行，对应着间接融资模式；另一类是股票和债券市场，对应着直接融资模式。这两类融资模式对资源配置和经济增长有着重要的作用，但也产生了很大的交易成本。

阿里巴巴总部

互联网金融模式，以互联网为代表的现代信息科技，特别是移动支付、云计算、社交网络和搜索引擎等，将对金融模式产生根本影响，可能会出现一个既不同于商业银行间接融资，也不同于资本市场直接融资的第三种金融融资模式。在互联网金融模式下，银行、券商和交易所等中介都不起作用，贷款、股票、债券等的发行和交易直接在网上进行，市场充分有效，接近一般均衡定理描述的无金融中介状态。

至此，我们可以看到，互联网金融的这种具有颠覆性的运作模式，对传统的金融运作模式有着根本性的改变，其最大限度地压缩中间费用，保持高效的资金流转以及低成本的资金融通，对传统银行的收入模式形成了极大的挑战。这也就是所谓的银行脱媒效应。

“宝宝军团”的“疯狂”，有其“疯狂”的资本和道理，因为它顺应了市场化、大众化的需求。

二、谁人握有“尚方宝剑”

自从“余额宝”诞生至今，可谓命运多舛。虽有着“家长”的支持和鼓励，但却处在了越来越严峻的环境中。

从0到2500亿元的基金规模，余额宝仅仅用了200多天时间。而从2500亿元到4000亿元，余额宝只用了大约30天。其快速成长，不断地分流银行的资金，搅动了整个金融业，牵动了监管层，挑战了固有的金融利益格局。其实，在目前我国的经济环境中，好的东西，未必前景光明，而是需要经过一定的磨砺。

2014年3月16日，当笔者打开手机，一则新闻跳入眼帘——《央行叫停二维码后再出狠招：第三方支付机构遭围剿》。新闻转自《21世纪经济报道》，报道称，央行已向多家机构下发《支付机构网络支付业务管理办法》、《手机支付业务发展指导意见》草案，进行征求意见。意见中指出，个人支付账户转账单笔不超过1000元，年累计不能超过1万元；个人单笔消费不得超过5000元，月累计不能超过1万元。

至笔者撰写本书之时，该草案尚未定稿，但是，那抹不祥的阴云始终挥之不去。

马云会给中国带来什么

2014年3月下旬，工行、中行、建行、农行纷纷下调第三方快捷支付限额，大佬们已经开始进行反击，而且步调一致。不仅余额宝，阿里巴巴淘宝所有支付业务都感受到巨大压力。

2014年3月23日下午马云公开发布一篇名为《支付宝，请扛住！》的“抗战”檄文，高呼：“市场不怕竞争，市场怕不公平！‘四大天王’联手封杀，支付宝虽败犹荣，虽死犹生，但决定市场胜负的不应该是垄断和权力，而是用户！”

2014年3月27日，备受互联网第三方支付挤压的传统支付业大佬银联进驻战场。在银联十二周年致辞中，总裁时文朝发出“宣战书和动员令”：今天在这个市场上发生的一切，必将决定未来5～10年乃至更长久的市场格局。他反驳支付宝等公司的创新之名：当“效率”和“安全”的平衡被打破，维护公众利益的底线被“创新”的名义碾压，调整已无可避免。

虽然笔者并未购买“余额宝”，也并未在互联网金融的热潮中获得收益，但是，还是对诸如此类的有欠公平举动不齿。反映在我心头的，是对创新的火苗即将被浇灭的焦虑，是对阻挠金融创新的势力的愤慨！我们均不清楚，往后的日子，还有多少类似的规则出台？

记得在一档财经节目中看了一期关于“余额宝”的辩论，一位颇有名气的央视财经人士认为，“余额宝”是依附于银行身上的吸血鬼，应当被取缔！甚至提到取缔的目的在于安全，防止普罗大众被不法利益集团利用，成为其洗钱等贪腐行为的挡箭牌！

其实说实在的，对于每一个问题，我们允许有不同的声音出现。但是，对于该位人士的言论，笔者实在难以苟同，不禁要问：在“余额宝”出现之前，贪腐在我们的社会中存在吗？洗钱的行为，完全可以在现有的金融系统中游刃有余地进行着，而且，部分金融机构，甚至为不法利益集团洗钱等行为提供便利。

一句话说得好，没有脱离人民群众的国家利益！是的，我们反对那些以国家利益名义所进行的有违常理的政治说教！

从根本上说，银行更应当开放自身，用更好的、更优质的服务争取客户而不是当前的简单封堵。政府部门也并不能仅限于指责金融创新中有多少违规，而更应当认真研究为什么会有如此多的创新手段出现。也许，正是由于政策的限制，导致对市场的破坏，市场才被逼有了各种应对。

“阿Q大战”由来已久，腾讯、阿里巴巴也亦敌亦友。回头看，彼此双方还真应该相互感激，因为相互的竞争，让双方变得更加优秀和务实。大众也在阿里和腾讯的“厮杀”中，享受着自身应有的合理待遇。从“宝宝军团”的恶劣成长环境中我们可以看到，真正的阻力在于行政的力量，因为这些力量，已经被利益所绑架、所蚕食。正如马云的一句话：打败你的不是技术，可能只是一个文件。如此这般，改革之路遍布荆棘。

三、创新即为惠民

“疯狂”的“宝宝”们的背后，其实蕴意深远。正是由于“宝宝”们的异军突起，让大众认识到，原来自己习以为常的生活中，存在着如此大的变革空间；原来自己认为理所应当的事情，竟然有着如此大的改革必要。大众站在了改革前沿，关注、评论且切身体会着改革可能带来的实惠。

在互联网金融加速利率市场化的当下，银行“一枝独秀”的地位逐渐被改写，银行揽储面临更加严峻的挑战，使得其不得不通过发行高收益率的理财产品来吸收存款。在互联网金融产品风行之前，银行理财产品年化收益率普遍在5%左右，而此后普遍高达6%。2013年年末收益率甚至达到7%以上。银行理财产品收益率甚至超过一年期贷款利率，出现利率倒挂现象。而一旦存款利率市场化，银行流动性将更趋于紧张，倒逼银行以自己难以承受的成本来吸收存款，而流动性管理一旦不善，银行将面临极大的经营风险。

遥想2008年美国次贷危机爆发的情景，很多老牌的、知名的金融机构一个个倒下，一时间，我们曾怀疑美国的经济前景，我们对美国的发展模式产生了怀疑。我们甚至以为，我们自己才是可以拯救世界的英雄。其实，我们错了。美国的金融机构倒闭，是其自身业务扩张与风险控制没有相匹配的结果，如果任其发展，后果将更加严重。其实美国政府允许部分金融机构自生自灭，既是尊重市场，也是为了整个社会的利益。

所以，我们回头看看我们的银行业，是否真的在企业发展过程中起到积极的作用呢？我们看到的是，资金的持续紧张，货币的不断投放，民企融资成本的不断高企……

以上，就是我们的金融市场的现状！

“网络金融”的兴起，形成了近年来对传统金融业的巨大冲击波。究竟是什么成就了当前互联网金融的繁荣？除了中国移动互联网快速发展、网络技术不断革命为互联网金融提供了技术条件外，中国传统金融业存在着巨大的制度和功能的缺陷则为互联网金融提供了市场空间。

我国金融业长期忽视大众投资人的利益，无论在资本市场还是货币市场都是这样。如果说信托等高门槛产品分流了银行的个人大额储蓄，余额宝分流的就是银行的大众小额储蓄。余额宝起着重要的思想启蒙作用，让百姓知道小额存款同样可以获得较高的利息，银行不能忽视，以及保持资产的高度流动性和获取投资收益之间并不存在矛盾。

还应看到的是，当前我国金融市场的利率体系存在严重缺陷，导致一个能够保持高度流动性的货币市场基金竟然能获得超过6%的年化收益率，而规模较大的保险公司等长期资金投资人，甚至很难获得超过5%的年化收益率。

过去中国金融各业只通过自己垄断的交易渠道，不通过自己的有价值服务就想长期获得高额佣金收入。金融业本质上是人对人的服务，各类金融机构必须通过自己的专业服务来获取收入，没有附加服务的简单渠道服务是没有价值的。互联网金融的兴起，并不能改变金融业的本质，但却更加充分暴露了传统金融业的制度和功能缺陷，催生金融业加速改革、加速裂变。互联网金融消除了金融市场主体间的信息不对称，让简单的渠道垄断利润和利差收入业务不复存在，让金融各业回归到提供专业金融服务的本质上来。

“余额宝”的出现，是将金融市场一部分的利益，即从金融大佬口中夺了一部分利益，输送给了大众。正是由于这样，遭到了强大的阻力。

以金融机构而言，传统的大的金融机构没有任何压力，仅仅靠固有的模式赚取收益，这个社会还有怎样的发展空间可以期待?

银行的支付没有，且也不可能延伸到所有的领域，第三方支付工具的存在，有很大的市场空间。而且，这种开放、高效的运作模式，使得第三方支付在推动社会进步的过程中，扮演着比原来更重要的角色。妄图通过限制其发展，而保守传统利益的“努力”，其实是在与社会进步、文明进程背道而驰。

就金融创新而言，创新则意味着惠民，惠民则意味着生命力。所以，尽管市场上的互联网金融创新产品对传统金融企业构成的压力或将导致其发展路途并非平坦，但是金融领域的创新之路已经不可扭转。不论类似于余额宝的产品未来之路如何，突破传统的金融壁垒，使得大众真正从中受益，是我们共同期待和可以看到的未来！

已获牌照的第三方支付企业名单

第一批获牌照的第三方支付企业名单

序号	公司名称	注册地	发证日期	批次
1	支付宝（中国）网络技术有限公司	浙江	2011年5月18日	第一批
2	银联商务有限公司	上海	2011年5月18日	第一批
3	资和信电子支付有限公司	北京	2011年5月18日	第一批
4	深圳市财付通科技有限公司	广东	2011年5月18日	第一批
5	通联支付网络服务股份有限公司	上海	2011年5月18日	第一批
6	开联通网络技术服务有限公司	北京	2011年5月18日	第一批
7	北京通融通信息技术有限公司	北京	2011年5月18日	第一批
8	快钱支付清算信息有限公司	上海	2011年5月18日	第一批
9	上海汇付数据服务有限公司	上海	2011年5月18日	第一批
10	上海盛付通电子商务有限公司	上海	2011年5月18日	第一批
11	钱袋网（北京）信息技术有限公司	北京	2011年5月18日	第一批

12	东方电子支付有限公司	上海	2011年5月18日	第一批
13	深圳市快付通金融网络科技服务有限公司	广东	2011年5月18日	第一批
14	广州银联网络支付有限公司	广东	2011年5月18日	第一批
15	北京数字王府井科技有限公司	北京	2011年5月18日	第一批
16	北京银联商务有限公司	北京	2011年5月18日	第一批
17	杉德电子商务服务有限公司	上海	2011年5月18日	第一批
18	裕福网络科技有限公司	北京	2011年5月18日	第一批
19	渤海易生商务服务有限公司	天津	2011年5月18日	第一批
20	深圳银盛电子支付科技有限公司	广东	2011年5月18日	第一批
21	迅付信息科技有限公司	上海	2011年5月18日	第一批
22	网银在线（北京）科技有限公司	北京	2011年5月18日	第一批
23	海南新生信息技术有限公司	海南	2011年5月18日	第一批
24	上海捷银信息技术有限公司	上海	2011年5月18日	第一批
25	拉卡拉支付有限公司	北京	2011年5月18日	第一批
26	上海付费通信息服务有限公司	上海	2011年5月18日	第一批
27	深圳市壹卡会科技服务有限公司	广东	2011年5月18日	第一批

第二批获牌照的第三方支付企业名单

28	上海银联电子支付服务有限公司	上海	2011年8月29日	第二批
29	连连银通电子支付有限公司	浙江	2011年8月29日	第二批
30	联动优势电子商务有限公司	北京	2011年8月29日	第二批
31	成都摩宝网络科技有限公司	四川	2011年8月29日	第二批
32	捷付睿通股份有限公司	内蒙古	2011年8月29日	第二批
33	证联融通电子有限公司	贵州	2011年8月29日	第二批
34	上海得仕企业服务有限公司	上海	2011年8月29日	第二批
35	山东鲁商一卡通支付有限公司	山东	2011年8月29日	第二批

36	中付通信息服务股份有限公司	内蒙古	2011年8月29日	第二批
37	上海畅购企业服务有限公司	上海	2011年8月29日	第二批
38	四川商通实业有限公司	四川	2011年8月29日	第二批
39	南京市市民卡有限公司	江苏	2011年8月29日	第二批
40	上海富友金融网络技术有限公司	上海	2011年8月29日	第二批
第三批获牌照的第三方支付企业名单				
41	天翼电子商务有限公司	北京	2011年12月22日	第三批
42	联通支付有限公司	北京	2011年12月22日	第三批
43	中移电子商务有限公司	湖南	2011年12月22日	第三批
44	上海点佰趣信息科技有限公司	上海	2011年12月22日	第三批
45	天津城市一卡通有限公司	天津	2011年12月22日	第三批
46	江苏瑞祥商务有限公司	江苏	2011年12月22日	第三批
47	武汉市金源信企业服务信息系统有限公司	湖北	2011年12月22日	第三批
48	广东银结通电子支付结算有限公司	广东	2011年12月22日	第三批
49	现代金融控股（成都）有限公司	四川	2011年12月22日	第三批
50	国付宝信息科技有限公司	北京	2011年12月22日	第三批
51	重庆易极付科技有限公司	四川	2011年12月22日	第三批
52	河北一卡通电子支付服务有限公司	河北	2011年12月22日	第三批
53	山西万卡德商务有限公司	山西	2011年12月22日	第三批
54	哈尔滨华通支付网络科技有限公司	黑龙江	2011年12月22日	第三批
55	商盟商务服务有限公司	浙江	2011年12月22日	第三批
56	安徽华夏通支付有限公司	安徽	2011年12月22日	第三批
57	河南汇银丰信息技术有限公司	河南	2011年12月22日	第三批
58	贵州汇联通电子商务服务有限公司	贵州	2011年12月22日	第三批
59	大连中鼎资讯有限公司	辽宁	2011年12月22日	第三批

60	宁波银联商务有限公司	浙江	2011年12月22日	第三批
61	厦门易通卡运营有限责任公司	福建	2011年12月22日	第三批
62	深圳市钱宝科技服务有限公司	广东	2011年12月22日	第三批
63	上海电银信息技术有限公司	上海	2011年12月22日	第三批
64	广州易联商业服务有限公司	广东	2011年12月22日	第三批
65	北京海科融通信息技术有限公司	北京	2011年12月22日	第三批
66	浙江易士企业管理服务有限公司	浙江	2011年12月22日	第三批
67	中联信（福建）支付服务有限责任公司	福建	2011年12月22日	第三批
68	深圳市网购科技有限公司	广东	2011年12月22日	第三批
69	东方付通信息技术有限公司	上海	2011年12月22日	第三批
70	广东益民旅游休闲服务有限公司	广东	2011年12月22日	第三批
71	易智付科技（北京）有限公司	北京	2011年12月22日	第三批
72	深圳市泰海网络科技服务有限公司	广东	2011年12月22日	第三批
73	上海华势信息科技有限公司	上海	2011年12月22日	第三批
74	广州市易票联支付技术有限公司	广东	2011年12月22日	第三批
75	北京资和信通联科技有限公司	北京	2011年12月22日	第三批
76	深圳市深银联易办事金融服务有限公司	广东	2011年12月22日	第三批
77	上海银生宝电子支付服务有限公司	上海	2011年12月22日	第三批
78	深圳市银联金融网络有限公司	广东	2011年12月22日	第三批
79	宝付网络科技（上海）有限公司	上海	2011年12月22日	第三批
80	上海德颐网络技术有限公司	上海	2011年12月22日	第三批
81	北京金科信安科技有限公司	北京	2011年12月22日	第三批
82	上海富友支付服务有限公司	上海	2011年12月22日	第三批
83	安易联融电子商务有限公司	北京	2011年12月22日	第三批
84	北京爱农驿站科技服务有限公司	北京	2011年12月22日	第三批

85	上海付费通企业服务有限公司	上海	2011年12月22日	第三批
86	北京首采联合电子商务有限责任公司	北京	2011年12月22日	第三批
87	北京中欣银宝通商业服务有限公司	北京	2011年12月22日	第三批
88	上海都市旅游卡发展有限公司	上海	2011年12月22日	第三批
89	北京市政交通一卡通有限公司	北京	2011年12月22日	第三批
90	通联商务服务有限公司	上海	2011年12月22日	第三批
91	北京雅酷时空信息交换技术有限公司	北京	2011年12月22日	第三批
92	上海通卡投资管理有限公司	上海	2011年12月22日	第三批
93	中投科信科技股份有限公司	北京	2011年12月22日	第三批
94	上海商联信电子支付服务有限公司	上海	2011年12月22日	第三批
95	安付宝商务有限公司	上海	2011年12月22日	第三批
96	上海便利通电子商务有限公司	上海	2011年12月22日	第三批
97	上海纽斯达科技有限公司	上海	2011年12月22日	第三批
98	锦江国际商务有限公司	上海	2011年12月22日	第三批
99	上海申城通商务有限公司	上海	2011年12月22日	第三批
100	上海大众交通商务有限公司	上海	2011年12月22日	第三批
101	上海杉德支付网络服务发展有限公司	上海	2011年12月22日	第三批
第四批获牌照的第三方支付企业名单				
102	上海卡友信息服务有限公司	上海	2012年6月27日	第四批
103	上海汇潮信息技术有限公司	上海	2012年6月27日	第四批
104	上海瀚银信息技术有限公司	上海	2012年6月27日	第四批
105	银视通信息科技有限公司	上海	2012年6月27日	第四批
106	上海东方汇融信息技术服务有限公司	上海	2012年6月27日	第四批
107	天津荣程网络科技有限公司	天津	2012年6月27日	第四批
108	南京苏宁易付宝网络科技有限公司	江苏	2012年6月27日	第四批

109	双乾网络服务（苏州）有限公司	江苏	2012年6月27日	第四批
110	山东省电子商务综合运营管理有限公司	山东	2012年6月27日	第四批
111	深圳市神州通付科技有限公司	广东	2012年6月27日	第四批
112	广东嘉联支付技术有限公司	广东	2012年6月27日	第四批
113	深圳市快汇宝信息技术有限公司	广东	2012年6月27日	第四批
114	北京一九付支付科技有限公司	北京	2012年6月27日	第四批
115	北京数码视讯软件技术发展有限公司	北京	2012年6月27日	第四批
116	北京汇元网电子商务有限公司	北京	2012年6月27日	第四批
117	北京随行付信息技术有限公司	北京	2012年6月27日	第四批
118	网易宝有限公司	浙江	2012年6月27日	第四批
119	浙江贝付科技有限公司	浙江	2012年6月27日	第四批
120	浙江航天电子信息产业有限公司	浙江	2012年6月27日	第四批
121	浙江余姚中国塑料城网上交易有限公司	浙江	2012年6月27日	第四批
122	福建国通星驿网络科技有限公司	福建	2012年6月27日	第四批
123	鹰皇金佰仕网络技术有限公司	湖南	2012年6月27日	第四批
124	集付通支付有限公司	广西	2012年6月27日	第四批
125	新疆润物网络有限公司	新疆	2012年6月27日	第四批
126	江苏省电子商务服务中心有限责任公司	江苏	2012年6月27日	第四批
127	山东网上有名网络科技有限公司	山东	2012年6月27日	第四批
128	上海优乐网络科技股份有限公司	上海	2012年6月27日	第四批
129	上海亿付数字技术有限公司	上海	2012年6月27日	第四批
130	上海新华传媒电子商务有限公司	上海	2012年6月27日	第四批
131	上海商业高新技术发展有限公司	上海	2012年6月27日	第四批
132	上海乐易信息技术有限公司	上海	2012年6月27日	第四批
133	上海金诚通商务服务有限公司	上海	2012年6月27日	第四批

134	中钢银通信息技术服务有限公司	上海	2012年6月27日	第四批
135	上海大千商务服务有限公司	上海	2012年6月27日	第四批
136	上海润通实业投资有限公司	上海	2012年6月27日	第四批
137	普天银通支付有限公司	上海	2012年6月27日	第四批
138	上海巾帼三六五企业服务有限公司	上海	2012年6月27日	第四批
139	上海瑞得企业服务有限公司	上海	2012年6月27日	第四批
140	常州市爱心消费经纪服务有限公司	江苏	2012年6月27日	第四批
141	江苏大众书局商务服务有限公司	江苏	2012年6月27日	第四批
142	南京万商商务服务有限公司	江苏	2012年6月27日	第四批
143	江苏鸿兴达邮政商务资讯有限公司	江苏	2012年6月27日	第四批
144	江苏旅通商务有限公司	江苏	2012年6月27日	第四批
145	无锡市民卡有限公司	江苏	2012年6月27日	第四批
146	苏州市城市信息化建设有限公司	江苏	2012年6月27日	第四批
147	山东城联一卡通有限责任公司	山东	2012年6月27日	第四批
148	成都天府通金融服务股份有限公司	四川	2012年6月27日	第四批
149	汇通宝支付有限责任公司	广东	2012年6月27日	第四批
150	深圳市中付电子支付科技有限公司	广东	2012年6月27日	第四批
151	深圳商联商用科技有限公司	广东	2012年6月27日	第四批
152	西安银信商通网络科技有限责任公司	陕西	2012年6月27日	第四批
153	陕西易通商联网络科技有限公司	陕西	2012年6月27日	第四批
154	陕西邮政西邮寄电子商务有限责任公司	陕西	2012年6月27日	第四批
155	北京恒信通电信服务有限公司	北京	2012年6月27日	第四批
156	北京和融通科技有限公司	北京	2012年6月27日	第四批
157	北京商银信商业信息服务有限责任公司	北京	2012年6月27日	第四批
158	北京市银博盛世电子商务有限公司	北京	2012年6月27日	第四批

159	北京银通支付有限公司	北京	2012年6月27日	第四批
160	北京交广科技发展有限公司	北京	2012年6月27日	第四批
161	北京华瑞富达科技有限公司	北京	2012年6月27日	第四批
162	北京高汇通商业管理有限公司	北京	2012年6月27日	第四批
163	北京润京搜索投资有限公司	北京	2012年6月27日	第四批
164	银信联（北京）商务服务有限公司	北京	2012年6月27日	第四批
165	北京中诚信和支付有限公司	北京	2012年6月27日	第四批
166	北京广聚福企业商务服务有限公司	北京	2012年6月27日	第四批
167	北京商银科技有限公司	北京	2012年6月27日	第四批
168	国旅（北京）信息科技有限公司	北京	2012年6月27日	第四批
169	重庆城市通卡有限责任公司	重庆	2012年6月27日	第四批
170	重庆市公众城市一卡通有限责任公司	重庆	2012年6月27日	第四批
171	重庆千礼科技有限公司	重庆	2012年6月27日	第四批
172	河北御嘉商务服务有限公司	河北	2012年6月27日	第四批
173	山西易联数据处理有限公司	山西	2012年6月27日	第四批
174	山西兰花大酒店有限公司	山西	2012年6月27日	第四批
175	吉林城市通卡股份有限公司	吉林	2012年6月27日	第四批
176	哈尔滨金联信网络科技有限公司	黑龙江	2012年6月27日	第四批
177	杭州盛炬网络技术有限公司	浙江	2012年6月27日	第四批
178	舟山市明生商盟科技服务有限公司	浙江	2012年6月27日	第四批
179	浙江银付通信息科技有限公司	浙江	2012年6月27日	第四批
180	福建一卡通网络有限责任公司	福建	2012年6月27日	第四批
181	泉州市掌财通网络科技有限公司	福建	2012年6月27日	第四批
182	瑞特商务（泉州）有限公司	福建	2012年6月27日	第四批
183	厦门金利卡信息科技有限公司	福建	2012年6月27日	第四批

184	安徽省万事通金卡通科技信息服务有限公司	安徽	2012年6月27日	第四批
185	安徽圣德天开信息科技有限公司	安徽	2012年6月27日	第四批
186	安徽瑞祥资讯服务有限公司	安徽	2012年6月27日	第四批
187	江西缴费通信息技术有限公司	江西	2012年6月27日	第四批
188	湖南星广传媒有限公司	湖南	2012年6月27日	第四批
189	长沙商联电子商务有限公司	湖南	2012年6月27日	第四批
190	广西支付通商务服务有限公司	广西	2012年6月27日	第四批
191	海南海岛一卡通支付网络有限公司	海南	2012年6月27日	第四批
192	昆明卡互卡科技有限公司	云南	2012年6月27日	第四批
193	乐富支付有限公司	云南	2012年6月27日	第四批
194	云南本元支付管理有限公司	云南	2012年6月27日	第四批
195	兰州易家万通企业服务有限公司	甘肃	2012年6月27日	第四批
196	青岛百森通集团有限公司	山东	2012年6月27日	第四批

第五批获牌照的第三方支付企业名单

197	青岛百达通支付服务有限公司	山东	2012年7月20日	第五批

第六批获牌照的第三方支付企业名单

198	广东汇卡商务服务有限公司	广东	2013年1月6日	第六批
199	湖南财信金通电子商务有限责任公司	湖南	2013年1月6日	第六批
200	上海千悦企业管理有限公司	上海	2013年1月6日	第六批
201	中汇电子支付有限公司	天津	2013年1月6日	第六批
202	辽宁新天数字科技有限公司	辽宁	2013年1月6日	第六批
203	江苏飞银商务智能科技有限公司	江苏	2013年1月6日	第六批
204	山东高速信联支付有限公司	山东	2013年1月6日	第六批
205	中百电子商务有限公司	湖北	2013年1月6日	第六批
206	成都支付通新信息技术服务有限公司	四川	2013年1月6日	第六批

207	陕西煤炭交易中心有限公司	陕西	2013年1月6日	第六批
208	北京亚科技术开发有限责任公司	北京	2013年1月6日	第六批
209	石家庄商商网络有限公司	河北	2013年1月6日	第六批
210	杭州市民卡有限公司	浙江	2013年1月6日	第六批
211	合肥新思维商业管理有限责任公司	河南	2013年1月6日	第六批
212	郑州建业至尊商务服务有限公司	河南	2013年1月6日	第六批
213	长沙星联商务服务有限公司	湖南	2013年1月6日	第六批
214	贵州贵金支付网络服务有限公司	贵州	2013年1月6日	第六批
215	山东银利企业服务有限公司	山东	2013年1月6日	第六批
216	上海商旅通商务服务有限公司	上海	2013年1月6日	第六批
217	南京会购信息科技有限责任公司	江苏	2013年1月6日	第六批
218	江苏金禧智能卡管理有限公司	江苏	2013年1月6日	第六批
219	百联优力（北京）投资有限公司	北京	2013年1月6日	第六批
220	北京银盈通管理咨询有限公司	北京	2013年1月6日	第六批
221	北京全顺通商贸有限公司	北京	2013年1月6日	第六批
222	北京恒达万华商业经纪有限公司	北京	2013年1月6日	第六批
223	温州之民信息服务有限公司	浙江	2013年1月6日	第六批
第七批获牌照的第三方支付企业名单				
224	厦门夏商电子商务有限公司	福建	2013年7月6日	第七批
225	安徽皖垦商务投资服务有限公司	安徽	2013年7月6日	第七批
226	云南银通企业服务有限公司	云南	2013年7月6日	第七批
227	北京百付宝科技有限公司	北京	2013年7月6日	第七批
228	北京中汇金电子商务有限公司	北京	2013年7月6日	第七批
229	艾登瑞德（中国）有限公司	江苏	2013年7月6日	第七批
230	山西金虎信息服务有限公司	山西	2013年7月6日	第七批

231	北京国华汇银科技有限公司	北京	2013年7月6日	第七批
232	北京繁星山谷信息技术有限公司	北京	2013年7月6日	第七批
233	宁国百家汇投资管理有限公司	安徽	2013年7月6日	第七批
234	杭州通策会综合服务有限公司	浙江	2013年7月6日	第七批
235	上海索迪斯万通服务有限公司	上海	2013年7月6日	第七批
236	榆林元亨商务管理有限责任公司	陕西	2013年7月6日	第七批
237	安徽长润支付商务有限公司	安徽	2013年7月6日	第七批
238	福建省银通商务服务有限公司	福建	2013年7月6日	第七批
239	黑龙江圣亚科技发展有限公司	黑龙江	2013年7月6日	第七批
240	广东信汇电子商务有限公司	广东	2013年7月6日	第七批
241	易通支付有限公司	山东	2013年7月6日	第七批
242	深圳市兄弟高登科技有限公司	广东	2013年7月6日	第七批
243	北京永超科技有限公司	北京	2013年7月6日	第七批
244	北京新浪支付科技有限公司	北京	2013年7月6日	第七批
245	湖南银河金谷商务服务有限公司	湖南	2013年7月6日	第七批
246	武汉城市一卡通有限公司	湖北	2013年7月6日	第七批
247	浙江快捷通网络技术有限公司	浙江	2013年7月6日	第七批
248	大连先锋商务服务有限公司	辽宁	2013年7月6日	第七批
249	汇明商务服务有限公司	湖北	2013年7月6日	第七批
250	湖北蓝天星投资有限公司	湖北	2013年7月6日	第七批

第5章
看不见的“影子银行”

Urgent Reform

我国利率市场化改革正在推进过程中，大部分利率已经放开了，一部分利率仍然管制，这就必然形成利率双轨制，市场上也必然存在利率洼地和利率高地。金融机构热衷于从利率洼地融资，投资利率高地的产品，从而赚取利差。赚取利差成了这几年金融机构增长最快的收入来源。

“影子银行”是在我国存贷利率受管制之下，金融各业从事制度套利，赚取息差的必然结果，是行业发展与政府限制相互博弈的最终体现。

一、高昂的生活成本

总部位于美国纽约的全球咨询机构美世咨询公司2013年7月发布了全球生活成本调查城市排名。该相关排名调查了全球五大洲的214个城市，衡量了包括交通、食品、服装、家居用品以及休闲娱乐等200多个项目的相对成本，并以纽约作为基准城市，以美元为基础对汇率变动进行调整。

生活成本的确是一个很实际且很关键的民生数据，报告排名中数据显示，上海位列生活成本最高城市中的第14位，并为我国内地生活成本最昂贵的城市，已然超越了美国的纽约。

我们的首都北京，其生活成本绝不处于下风，若将收入与成本进行比对，则会显露出令我们汗颜的现实！根据美国儿童和家庭管理局2009年的一个统计，2009年纽约家庭人均收入约为3.92万美元（约24.42万元人民币）。北京市统计局的数据显示，2009年北京城镇居民家庭人均可支配收入为2.67万元。也就是说，纽约家庭人均收入约为北京的近10倍。虽然这一数据较早，但实质的差别并未有根本的改变。

说实在的，我们的生活成本正在以我们无法估计的速度上升。对于普通的工薪阶层而言，工资的上涨远远赶不上物价的上涨。遍观生活的周边，衣、食、住、行、医疗等等，哪一行、哪一个领域出现了所谓的降价趋势？以笔者生活的古城西安而言，这一趋势相当明显，更遑论沿海的一些城市？

几年以前，笔者生活的社区周边，还有很多小的店铺，早餐便捷且实惠，味道可口，价格也就几元钱而已。随着时间的推移，周边的绿树减少了，一栋栋高层住宅拔地而起，带来了什么？单从就餐而言，笔者已经很难再找到那些小摊位，再吃上一顿可口且实惠的早餐。遍布周边的都是各色的所谓高档餐饮，高档餐饮固然好，但是高档餐饮使我们的就餐成本大幅上升。看看遍布城市角落的商业广场，里面充斥着高档餐饮，两人就餐一次，动辄上百元。我们的收入真的跟上了这场浩浩荡荡的涨价大潮吗？

生活成本的不断抬高，通货膨胀是始作俑者！通货膨胀的影子，始终围绕在我们的周围，挥之不去。背后的根本原因在于货币的不断发行和贬值。当货币这一一般等价物成为整个市场上的交易中介时，它也就拥有了贬值的可能。社会需要发展，财富需要增加，欲望需要满足，正是在这些“力量”的推动下，货币被不断催生出来。货币超发，购买力必然下降，这是一个规律。

有专家测算，1990年1月至2009年12月，我国居民消费价格指数（CPI）的月平均值为4.81%。如果在1978年改革开放之初时拥有100万元，到2009年底只值当年的15万元。如果根据货币购买力与日常消费品的价格进行比较，1978年的100万元的实际贬值程度要超过85万元。

如果说“万元户”的叫法给人一种暴发户的印象的话，那么“百万富翁”的称谓则是对富人们最初的“昵称”。如今，“百万富翁”能否在上文提及的北京城买一套房子呢？如果是北漂一族的话，没有房子，便一直是漂泊一族，恐怕连婚姻都成了一件艰难的事情。

中国金融40人论坛学术委员、北京师范大学金融研究中心教授钟伟，曾经从居民家庭人均收入和居民人均储蓄两种方法，分别选取1981年、1991年、2001年和2007年四个时点，对“万元户”财富的变迁进行测算。从居民人均储蓄看，上述四个时点居民储蓄总额分别为523亿元、9200亿元、7.4万亿元和17.3万亿元，考虑人口变化之后的人均储蓄为52元、800元、5900元和1.3万元。这样算来，1981年的“万元财富”相当于当时人均储蓄的200倍，折算到现在差不多是255万元。结论显而易见：过去30年，钱本身的确随着时间的推移变得“不值钱”了！

2003年7月末，我国广义货币供应量M2余额为20.62万亿元，而到2009年12月末，M2余额达60.6万亿元。到了2013年，这个数字已经突破100万亿元。这个数字在不断飞奔，我们的生活成本随之狂飙，这一过程短期难以逆转！

我们习以为常的“利息”，则是造成了货币扩张的内在动力。因为贷出的钱要带着利息（外生出来的货币）回到银行。每一笔贷款都要同相对应的利息一同回到银行。在不断重复这样的借贷活动中，越来越多的货币被催生出来，贬值在所难免。因为催生货币是如此容易，其“生长”的速度远远超过实体经济的增长速度，这样就造成了无法消除的通货膨胀。货币体系的内在运行机制，使得经济发展将会催生出更多的货币，而更多的货币又可以推动经济进一步发展。经济和货币之间的相互强化作用，使通货膨胀成为社会经济发展过程中一个绕不开的话题。可以这样说，贬值是货币发展到一定阶段的必然现象。

另一方面，当货币的发行不受监督和制约的时候，当货币发行用来填补国企亏损窟窿的时候，当货币发行可以很容易地带来政绩的时候，当货币发行可以缓解很多短期和眼前的经济问题的时候，使用这一杀手锏，无疑是最为“明智的”！

二、中国历次通货膨胀

为了更好地分析我国经济情况，有必要先回顾下我国的一段通胀史。具体来说，自1978年改革开放以来，我国主要经历过三次严重的通货膨胀，分别发生在1984～1985年、1987～1989年、1993～1995年这几个时间段。

1984～1985年的通货膨胀

我国从1979年开始执行改革开放政策，逐步推行商品经济和社会主义市场经济，从而推动了经济的快速发展。1979～1984年，仅仅5年时间，国民生产总值（GDP）就翻了一番。

改革开放初期，即1979年至1980两年期间，我国财政赤字均达170亿元以上，国家不得不增发货币，约有130亿元来弥补国库亏损。到1980年底，全国市场货币流通量比1978年增长63.3%，大大超过同期工农业生产总值增长16.6%和社会商品零售总额增长37.3%的幅度，引发了改革开放后的第一场通货膨胀。商品价上涨率达到6%，已经到了经济危机的临界点。1984～1985年的通货膨胀体现为固定资产投资规模过大引起社会总需求过旺，工资性收入增长超过劳动生产率提高引起成本上升。伴随着基建规模、社会消费需求、货币信贷投放急剧扩张，经济出现过热现象。

从1984年11月开始，国务院发出通知，要求各地各门严格控制财政支出，控制信贷投放。1985年的《政府工作报告》提出，加强和完善宏观经济的有效控制和管理，坚决防止盲目追求和攀比增长速度的现象。通过压缩基础设施建设投资、收缩银根、控制物价等一系列措施，通货膨胀才得以抑制。但是在1986年第一季度工业生产增长速度回落之后，许多人认为经济增长出现滑坡，强烈要求放松银根，刺激经济增长；加之1986年是“七五”计划的第一年，各地加快发展的积极性很高，所以此轮宏观调控过程中，仍潜伏着进一步引发新的过热的可能性。

1987～1989年的通货膨胀

快速喜人的发展形势下，对市场经济规律认识的缺乏使得人们对货币供应的激增缺少警惕。1986年国家各项政策开始全面松动，从而导致社会需求量严重膨胀，工农业比例关系严重失调，资金、外汇、物资的分配权过度分散，国家宏观调控能力严重削弱。1986年后，由于政策调整，随着商品价格的放开和工资改革的推行，旧有价格体系和经济结构中不合理因素又使经济脱离了正常轨道，从而造成了改革开放后第二次严重的通货膨胀。

1987年底货币供应量达到1454亿元，比1983年增加925亿元，增幅为174%。这是因为基本建设投资的大规模升温以及乡镇企业以银行信贷形式大批上马，导致了市场对货币的大量需求。央行以发行第四套人民币和推行大额面钞的方式，应对了过热经济对货币量的需求，但却导致了一轮新的经济困境。

1988年3月，上海率先调整了280种国民经济必需商品的价格，接着各大中城市相继提价，提价率占商品总量的80%，价格平均上涨30%，最高者达到80%，尤其是家用电器、摩托车、油等产品。

据统计，1988年的零售物价指数，创造了新中国成立40年以来上涨的最高纪录，达到18.5%，当年财政价格补贴高达319.6亿元，商品供求差额为2731.3亿元。结果1988～1989年，物价急剧上涨，大米的价格几乎是一夜之间从0.15元翻了5倍多，涨到0.8元。基本生活资料的快速上涨极大地冲击了国人的心理防线，抢购风潮随之而来，所有的商店门前都排了长队，人民币大幅贬值，而人们都急着将不断贬值的纸币转换成商品。

物价的上涨和抢购风潮引发了一系列的社会问题。在突如其来的冲击面前，政府对投资和货币供应采取了紧急刹车的办法，全国几千个建设项目一齐下马，“半拉子工程”一词随之产生。“破产”这个词第一次出现在中国普通百姓的耳际。1989年前后，全国仅民营企业（乡镇企业和个体私营经济）就破产关闭了13万家之多，占原总数22万家的60%。

1993～1995年的通货膨胀

1992年，邓小平南方视察，明确提出胆子要大一些，步子要快一些。新的政策极大地激发了我国经济活力，结果是经济再一次快速增长。以海南为代表，当地房地产创造着一个又一个百万、千万富翁的神话。同时，股票这个新生事物，为中国资本市场造就了第一批“杨百万”。

1993年，中央宣布，所有国有企事业单位职工工资翻番。民众收入的增长，进一步刺激了消费，消费刺激生产，生产刺激投资，大批新工业项目的投资兴建，加重了煤、电、油、运等基础产业的负担。基础产业的瓶颈造成了钢材等生产资料价格的急剧上涨，生产资料价格的上涨又引发了生活资料价格的上涨，通胀又一次来敲门了。

1993年，国内的通货膨胀率为13.2%，通货膨胀高峰在1994年，当年的通货膨胀率达到21.7%。

随着改革的深入，国有企业原有的优势地位已经渐次丧失，相反，体制的矛盾凸显。通胀中受冲击的不再是民营企业，而是国营企业。大批国有企业的停产，使“下岗”一词一夜之间成为中国最热门的词汇。说到这里，当时的情景还历历在目，使人心有余悸。

吸取上一次通胀后急刹车的教训，我国政府开始学着像西方国家一样，通过控制利率和货币政策来进行经济调节。存款利率一度涨到 12%左右，5年期以上保值储蓄还可以得到12%左右的保值利息，也就是说，长期存款的利率几乎达到25%，存1万元钱，年利息2500元，这种高利率全世界罕见！

为了抑制股市的投机，涨停板、T+1、调高交易税数管齐下，如此种种，最终导致了1995～1996年股票市场的两次大跳水，中国股市进入长达数年的熊市。“套牢”成为万千股民的真实写照。

一系列政策的结果是货币的回笼，通胀的消失，同时也造成经济发展的放缓。标志之一是海南房地产泡沫破灭，烂尾楼成为一大景观。GDP增长率从11%以上的高峰，逐步下降到8%左右。

总的来说，三次通胀，皆反映了我国经济曾经大起大落的历史。从中我们也可以看到，我国当时在探索社会主义市场经济的路途中，经验尚显不足。形象一点说就是："一管就死，一放就乱！"

我们需要以辩证的眼光来看待通货膨胀的问题，温和的通胀其实是有利于经济的发展的。因为经济的发展是一个无限的过程，社会的发展亦是一个无限的过程。社会的发展需要在生产和消费的良性循环下向前推进，温和的通胀可成为润滑剂。但是恶性的通胀，则不仅是对国民经济的损害，更是对人民的盘剥和掠夺。

三、看不见的"影子银行"

"影子银行"，顾名思义，是现有银行的附属物，其寄生于现有银行机构的业务而存在，且游离于银行监管体系之外。这一名词诞生于美国，是在美联储2007年年度会议中被提出的。在2008年金融危机爆发后，国际金融界开始把那些游离于银行监管体系之外、可能引发系统性风险的各类信用中介机构，统称为"影子银行"。

在欧美等国家，影子银行是指通过银行贷款证券化进行信用无限扩张的一种方式（银行贷款证券化即是通过将银行对外信贷所拥有的债权进行打包，再次向外募资的模式。银行对外的债权所享有的未来收益，用来归还再次募资所承担的本金及成本）。一些非银行金融机构，如投资银行、对冲基金等构成了影子银行的主力军，核心业务是经营各类证券化金融衍生品。

影子银行具有内生脆弱性。影子银行的负债主要通过短期资本市场发行资产支持票据取得融资，期限较短；其资产则一般期限较长，存在资产与债务的期限错配问题。影子银行不像传统银行受到资本充足率的限制和存款准备金制度的约束，一般采取高杠杆运作，潜在的信用扩张倍数达到几十倍。任何源于信用风险和市场风险的反向波动都将给影子银行机构带来致命的流动性风险。此外，影子银行的产品设计不合理，通过高度复杂的数理模型计算产品风险，采取结构化金融手段，放大了投资者承担的风险。信息不对称导致贷款机构逆向选择和借款人道德风险剧增。

尽管经历了30年的金融市场改革，中国金融体系至今距一个自由市场机制还相差甚远：大部分金融机构仍更像是政府机关；基准利率仍由中国人民银行监管；政府仍然对资金分配施加影响。与此同时，资本市场仍然很不发达。核心问题是正规的银行体系的利率被压制了。由于实际贷款利率偏低，所以导致对信贷的过度需求。这又导致信贷分配偏向国有企业、政府下属的实体（如铁道部和地方政府的融资平台）和其他大型企业。这导致的另一个结果便是，中小型企业被排除在贷款决策过程之外。实际存款利率相比就更低了。公众正在尝试用不同手段来减少高通货膨胀的不利影响和绕过利率管制。如果家庭不能投资于股市或住房市场，并且实际存款利率又为负，他们必须寻找其他手段替代保值。非正式的贷款和理财产品自然成为备受青睐的手段。

在中国的市场现实中，影子银行一般被认定为除银行信贷之外的其他融资渠道，主要分为两大部分：一部分是商业银行销售的理财产品，以及各类非银行金融机构销售的信贷类产品，如信托公司销售的信托产品；另一部分则是以民间高利贷为代表的民间金融体系。

央行调查统计司的一份内部研究报告曾给中国影子银行体系界定了明确的范围——“商业银行表外理财、证券公司集合理财、基金公司专户理财、证券投资基金、投连险中的投资账户、产业投资基金、创业投资基金、私募股权基金、企业年金、住房公积金、小额贷款公司、非银行系融资租赁公司、专业保理公司、金融控股公司、典当行、担保公司、票据公司、具有储值和预付机制的第三方支付公司、有组织的民间借贷等融资性机构”。

其实，目前我们所说的影子银行的融资主体，主要来源于宏观调控方向急剧转变背景下重点调控行业——房地产、地方投融资平台以及长年被融资难题困扰的中小企业。那些容易拿到信贷的大型国有企业集团，也在某种意义上成了资金的“二道贩子”。他们拿到信贷之后，并不用于产业的升级换代，而是购买理财类产品。而对于资金充足的民间投资人来说，相比把钱存入银行，他们更乐于把资金投入非正规渠道，借给那些资金拮据的私营企业，每年收取20%～30%的利息。

2013年，摩根大通中国首席经济学家朱海斌在陆家嘴论坛中表示，中国影子银行规模在36万亿元左右，约占GDP比重为70%，比两年前增长近两倍多。

目前信托公司已成为传统银行体系外最主要的影子银行实体。数据显示，截至2012年底，中国内地近70家信托公司管理的信托资产规模达7.47万亿元，是2008年的5.73倍。至此，在信托概念还远未被公众熟知的短短数年后，中国信托业资产规模已然超越保险业，坐上金融业第二把交椅。

与此同时，银行理财产品发售的规模也在高歌猛进，这是影子银行最

重要的正规银行表外放贷活动。仅2012年，商业银行针对个人发行的银行理财产品数量就高达28239款，较2011年上涨25.84%，而发行规模更是达到24.71万亿元，较2011年增长45.44%，发行数量和发行规模继续创下历史新高。

影子银行也正是在金融机构混业经营、泛资管的趋势下，不断变大、再变大！其中金融业务的“渠道化”以及“产品化”为当前利率双轨制下金融各业赚取利差提供了渠道和工具，也是资金出表、资金脱媒的重要工具。

“渠道化”因中国信托业而生。正当中国信托业历经多次清理整顿、企业数量减少一半以上、资产规模极度收缩、主营业务找不着北的时候，一种新的融资方式悄然兴起，并且独青睐于中国信托业。这种融资方式就是渠道式融资，它不像银行贷款那样受到额度和信用资质的限制，也不像股票和债券融资那样需要冗长的审核流程。这种融资方式因为简单、便捷和高效，快速膨胀起来，而且独有中国信托业享有合法渠道的特权。其他金融行业要想使传统信贷、股权和债券外的其他融资方式合法化，也必须要走信托的渠道。

渠道式融资是如此简单，只要找到项目、找到资金，通过一个官方认可的渠道对接起来，一笔融资就完成了，比发股票发债券简单得多。企业付给高额的资金利息，金融机构赚取较大的利差，资金提供者获得高额的利息收入。

当前传统融资工具根本无法满足企业的需求，企业只要有土地、房产、股权、现金流等当中的任何一项，就有条件融资。关键是找资金，而资金大部分仍然来源于银行。银行有动力做渠道式融资，可以不受各种存贷指标约束，可以获取更高的利息，因此，银信合作的通道式融资爆发了，银信合作的快速增长。该模式的利润蛋糕吸引券商“驻足”及参与。

只要证券监管层进一步扩大券商资产管理的投资领域和品种，券商专项和集合理财产品就完全可以作为通道式融资的合法渠道来用。由此，银证开始合作了。券商既无资金，也不需要对项目负责，只收取通道费，远比信托优惠。在不到三年的时间里，券商通道式资产管理的余额已接近6万亿元。

渠道业务的发展和蔓延，渐渐地囊括了基金、保险以及金融租赁公司等等。通道业务成了金融各业中重要的业务增长点，互相借道、相互搭桥、互相留下买路钱，成为金融机构的重要业务收入。“渠道”是金融分业监管体制下，金融各业享受的特权。过去，金融分业监管模式的基本特点是主营业务不交叉，资金不互通，但渠道业务把金融各业资金互通渠道彻底打开。

“产品化”是金融业创新的基本载体。近年来，金融各业推出了多达上万种金融产品，存量规模超过30万亿元。金融产品极大繁荣的背后同样隐藏着一系列制度性风险。首先，大量金融产品只是非标准通道式融资工具，投资人表面上买的是信托产品或券商资产管理产品，实际上是直接投资。这里，项目方、渠道提供方、资金提供方和资金最终所有人之间的法权关系并不清晰，一旦项目出现问题，就会出现剪不断理还乱的法权纠纷。而信托的“刚性兑付”趋势使该行业在利润与风险的双漩涡中越陷越深。近期出现的几单信托产品风险事件，已经初步显现出这其中的问题。中诚信托的“诚至金开1号”产品尚惊魂未定，其2号产品的到期兑付又陷“山雨欲来风满楼”的窘境！

我国利率市场化改革正在推进过程中，大部分利率已经放开了，一部分利率仍然管制，这就必然形成利率双轨制，市场上也必然存在利率洼地和利率高地。金融机构热衷于从利率洼地融资，投资利率高地的产品，从而赚取利差。赚取利差成了这几年金融机构增长最快的收入来源。

影子银行是在我国存贷利率受管制之下，金融各业从事制度套利，赚取息差的必然结果，是行业发展与政府限制相互博弈的最终体现。

由于利率市场化改革延宕多年，中国的资金配置能力目前仍主要掌握在政府手中。这种情况下，事实上很难让政府真正放弃对资金的严格管控，最可能的后果是，中国政府越是想保持其对信贷的控制，就越有可能将贷款推向影子银行业。

目前，越来越多的钱从银行存款账户“搬家”到理财产品，某种意义上来说是逃避利率监管的一种方式。如果不放开利率管制，就会推动更多资金转入地下。

归根结底，影子银行产生的根本原因是实体经济融资受阻，如果不能解决这个根本问题，监管也只是治标不治本。要真正解决影子银行风险，需在增加信息透明度和强化监管的基础上，用更多规范的创新型组织和产品替代现有影子银行的功能，为实体经济输送“血液”。

我国影子银行的高风险聚集，对我国目前金融业的扭曲现象提出了挑战，推动着我国金融业加速变革。

拓展阅读

美国影子银行体系的构成

美国的影子银行体系分成三个部分：政府发起的影子银行体系、内部影子银行体系以及外部影子银行体系。

1. 政府发起的影子银行体系

这类影子银行主要是指美国的政府支持企业（government sponsored enterprises，GSE）。GSE始于80多年前的大萧条时期。1932年，美国成立联邦住宅贷款银行（FHLB），1938年成立房利美。在成立后的三十几年里，房利美主要购买由美国联邦住房管理局担保的抵押贷款，并在抵押贷款二级市场形成了垄断地位。为促进抵押贷款二级市场的高效运行及竞争，美国政府于1970年成立了房地美。房利美和房地美合称为“两房”，属于政府支持企业，公司由股东私人所有。虽然“两房”不受美国政府的直接信用担保，但市场普遍认为政府为“两房”提供隐含担保。

“两房”等政府支持企业的成立极大地改变了美国银行业的融资方式和贷款行为。在美国，FHLB是第一家提供贷款仓储服务的公司，房地美和房利美则是基于证券化的“从发起到分销”的业务模式的发祥地。不过，“两房”等政府支持企业不参与贷款的发起业务，而是从事贷款的处理与资金融通等业务。由于政府支持企业从事着与传统银行相类似的信用转换、期限转换及流动性转换活动，但其负债及担保业务又属于联邦政府的表外业务，因此这类企业实际上是联邦政府的表外影子银行。

2. 内部影子银行体系

尽管80多年前种子便已播下，但影子银行只是在过去的30年中才形成羽翼丰满的体系。以往，传统的商业银行主要从事贷款发起、贷款持有、以存款为贷款融资等回报率比较低的业务。但从20世纪80年代初开始，美国金融业再次呈现出混业经营的发展势头，银行业务开始向高回报业务转移。在此背景下，美国银行发起贷款，其目的不再只是被动地持有贷款，而是为了提供贷款仓储、贷款证券化及分销等高回报业务。通过表外的资产管理工具以证券化贷款取代传统的贷款，美国银行还得以实现资本的节约。这样，银行便从信用风险集约度高、存款融资、利差盈利的业务模式向信用风险集约度低、市场风险集约度高、批发性融资及佣金盈利的业务模式转变。

美国银行业务模式的转变是在金融控股公司（financial holding company，FHC）的框架内进行的。通过收购投资银行及资产管理公司，美国银行得以实现“从发起到分销，凭佣金盈利”的业务发展模式。然而，美国银行在业务模式转变初期仍受到《格拉斯—斯蒂格尔法》的羁绊。1999年11月4日，《金融服务现代化法案》获得美国参众两院通过，《格拉斯—斯蒂格尔法》正式退出历史舞台，美国金融分业经营的发展模式宣告结束。同时，金融控股公司的地位也得以合法化。

美国的金融控股公司大致起源于20世纪70年代。当时，银行传统的资产负债业务受Q项规则及脱媒现象的影响而逐渐走向衰落，金融公司及货币市场共同基金崛起。这两类机构分别提供专业化的信用中介业务及现金管理业务，并从中获取了丰厚的回报。面对竞争及监管约束，传统商业银行为提高自身的竞争力而采用了并购竞争对手的战略。通过并购，商业银行得以将一部分信用中介业务移至旗下不受监管的非银行子公司——影子银行。从此，银行贷款业务模式发生了变化。银行发起贷款不仅仅是为了持有贷款，而是为了贷款的销售及证券化。此时，银行愿提供各种形式的贷款，因此更像是一家生产企业。在贷款二级市场不断活跃的情况下，银行比较容易确定贷款持有和销售的成本。银行在贷款销售有利可图的情况下更倾向于放贷，此时贷款质量已显得不那么重要了。银行放贷模式的变化使得银行内部的组合管理职能更为突出，并超越资金管理职能而处于银行业务的中心位置。

起初，银行业务模式的转变受到了政府支持企业的抵押贷款业务的启发。随着时间的推移，银行业务扩展到了几乎所有形式的贷款，银行最终完成了向基于证券化的影子信用中介的转变。影子信用中介的每一项业务都在金融控股公司的表内或表外的某一角落进行，且以对资本要求最为节约的方式进行。同样，对贷款池的融资也以资本最有效的方式进行。由于金融控股公司大多具有全球化特征，因此其业务活动也往往在监管最宽松的司法管辖进行。贷款的发起、仓储及证券化业务主要在纽约进行，最终产品的融资主要在伦敦及其他离岸金融中心进行。

3. 外部影子银行体系

随着金融机构间竞争的不断加剧，多样化经营的经纪交易商也开始效仿金融控股公司的信用中介业务模式，形成了所谓的外部影子银行体系。该体系由一系列独立的、专业化的非银行金融机构组成，且独立于银行及官方担保体系。与内部影子银行体系相类似的是，外部影子银行体系也是一个全球网络。贷款的发起、仓储及证券化业务主要发生在美国，结构化信用资产的融资及期限转换主要在英国、欧洲及不同的离岸金融中心进行。所不同的是，外部影子银行体系不是监管套利的产物，而是垂直整合及专业化的结果。在过去的十几年中，经纪交易商对证券化业务进行了垂直整合，通过收购金融公司等贷款平台及资产管理公司，有效地复制了以市场为导向的金融控股公司的业务发展模式。

除了经纪交易商以外，专属金融公司、有限目的的金融公司、多卖方管道、结构投资载体、信用对冲基金、抵押贷款担保公司、单险种保险公司等也归入外部影子银行体系。如果上述实体出现信用或流动性紧张的情况，则经纪交易商和金融控股公司往往充当守门员和最后贷款人的角色。

第6章
户籍制度改革时不我待

Urgent Reform

城乡二元对立的户籍制度是留在中国人尤其是中国农民身上带有明显歧视色彩的烙印。客观地讲，传统户籍制度对于计划经济背景下维护社会稳定和确保农业基础地位等需要，确实起到了“铁篱笆”似的重要作用。然而，随着市场经济的发展，滥觞于农业社会和计划经济的传统户籍制度已经明显不适应时代的需要。

凝视着此刻烂漫的春天，
依然像那时温暖的模样。
我剪去长发留起了胡须，
曾经的苦痛都随风而去。
可我感觉却是那么悲伤，
岁月留给我更深的迷惘。
在这阳光明媚的春天里，
我的眼泪忍不住地流淌。
也许有一天我老无所依，
请把我留在在那时光里。
如果有一天我悄然离去，
请把我埋在在这春天里。

一首脍炙人口的歌曲《春天里》，唱出了农民工群体在城市打拼中的无奈和辛酸。他们从农村来到城市，忍受背井离乡的苦楚，缺乏归属感的彷徨……

一、户籍制度的缘起

在中国古代，自给自足的小农经济一直占据着统治地位，虽然简单商品经济也一直存在着，但它始终没有独立地繁荣过，而是依附于自然经济而存在，农业的丰歉与个人和国家的命运息息相关。连年的丰收往往造就封建社会的盛世景象，在这种“看天吃饭”的状况下，歉收往往会导致社会的动荡。历代的农民起义都是与天灾人祸和农业的连年歉收联系在一起的。所以，为了维护和巩固自己的统治，历代王朝当然要把维护农业经济放在首要位置。

小农的生产方式是保守且封闭的，要求静止和稳定的社会形态。同时，在简单再生产的条件下，农业生产的提高和发展需要在土地上投入大量劳动力，统治者为了保证农业的持续进行，必须使用一些制度把劳动力固定在土地上，而不允许他们成为自由流动的生产要素。所以历朝历代都很重视户籍制度并有一整套防止人丁漏户的配套措施。

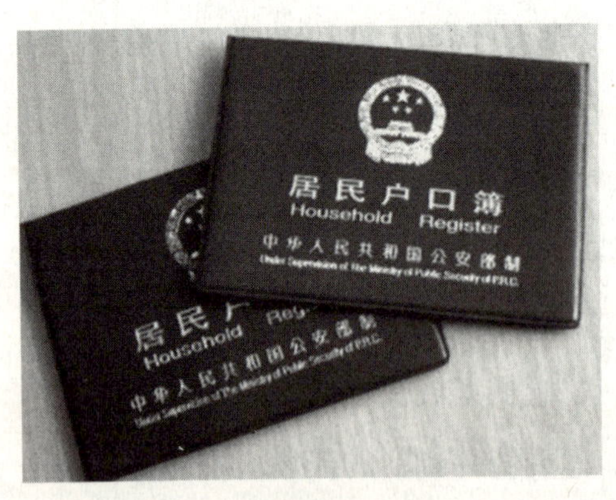

在我国历史上，户籍制度主要是为分配土地、征收税赋及摊派徭役提供凭据。为了最大限度地征税以维持中央政府的财政收入，朝廷当然会竭尽全力维护户籍制度的运作。从这一点而言，中央集权与户籍制度是互为条件、互相支撑的。

新中国户籍制度是在计划经济条件下建立起来的，在历史上曾支持了中国工业化的最初起步，但也为此付出了高昂的社会成本。国家通过这一制度的实施，最大程度地掌握了社会资源，在“一穷二白”的小农经济基础上，迅速完成了工业化的起步；同时，这一制度也使人口流动长期处于凝固状态，抑制了社会有机的活力。这一制度实行城乡人口的二元管理，控制了城市人口的膨胀，具有保护城市的功能，但同时也造成了城市化进程的迟滞，并造成农业生产率低下、农村人口贫困化、城乡差距拉大，以及“户籍崇拜”等一系列问题。改革开放以来，随着社会主义市场经济的建立，现行户籍制度的弊端开始全面显现出来，有悖于现代化发展的一般规律与平等原则，已成为严重影响中国现代化进程的一项制度性障碍。所以，推动户籍制度的改革，拆除城乡户籍藩篱，成为社会发展的必然要求。

户籍制度是一项基本的国家行政制度。传统户籍制度是与土地直接联系的，以家庭为本位的人口管理方式。现代户籍制度则是国家依法收集、确认、登记公民出生、死亡、亲属关系、法定地址等公民人口基本信息的法律制度，以保障公民在就业、教育、社会福利等方面的权益，是以个人为本位的人口管理方式。

建立保障公民权利的现代户籍制度，是从传统社会到现代文明社会的重要标志。《共同纲领》和1954年第一部宪法都明文规定：中华人民共和国公民有居住、迁徙的自由权。1958年以后，新中国最终将限制人口自由迁徙的功能纳入户籍管理，则是国家实施计划经济和优先发展重工业的工业化发展战略带来的制度效应，是在短缺经济下的被动选择。

新中国成立后，即把户政建设工作作为建设新国家的一项基础性工作。新中国的户籍制度是按照先城市、后农村的顺序逐步建立起来的。新中国确立的户籍工作的基本原则是：“保证人民居住迁徙之自由”，“发现、控制反动分子”，以巩固革命秩序。建立户籍制度的工作是围绕巩固新政权进行的，主要任务是维护社会的治安管理，防范反革命分子和其他危害社会分子的破坏活动。

新中国初创的户籍制度，对于支持镇反运动，建立革命秩序，维护社会治安发挥了重大作用。

在新中国的户籍制度逐渐完备的同时，对人口迁移的限制性管理也开始严格起来。新中国成立初期，人口在城乡之间可以自由流动，基本上不受什么限制，农民可以向城市自由流动，大约1500万农村人口迁入城市。1952年，市镇人口占总人口的比例由1949年的10.6%，上升到12.5%。1953年，国家开始执行“一五”计划，实行优先发展重工业的工业化战略，随即出现了新中国第一次人口迁移的高潮。1954～1956年，迁移人数每年递增，3年间高达7700多万。此期间，有组织的计划性迁移和大量的自发性迁徙并存。

伴随大规模经济建设出现的人口频繁迁移，有着复杂的国际国内因素。新中国所处的相对封闭的国际环境，使国家工业化启动主要来自内部积累，农业哺育工业，为国家工业化提供了原始积累。重工业资金投入大，而吸纳劳动力的能力较弱。随着重工业优先的工业化战略开始启动，城市粮食供应出现严重紧缺，国家由此实行了农产品统购统销制度。农产品统购统销制度的实行，骤然拉大了工农业剪刀差，形成了农村人口涌入城市强烈的利益驱动。大量农村劳动力进入工业领域，使城市的人口负荷量骤然增大，城市资源短缺的情况更加严重起来。国家为减轻城市压力，支持工业化战略的实施，开始将控制人口流动的功能引入户籍管理，并从户口管理、粮油供应、劳动用工和社会保障等方面对农民盲目流入城市进行控制。

1955年8月，国务院发布关于农村粮食统购统销和市镇粮食供应两个暂行办法，户口与粮食直接联系起来了。3个月后，国务院又颁布了《关于城乡划分标准的规定》，将“农业人口”与“非农业人口”作为人口统计指标。按“农业户口”与“非农业户口”进行划分与管理的二元户籍管理体制开始形成。1956年，农业合作化运动进入高潮。在农业合作化急躁冒进造成农村恐慌的同时，统购统销又购了过头粮，加上部分地区发生严重灾情，导致农民大批外流，对城市形成巨大冲击，在全国范围内出现了严重的“盲流”问题。1957年，全国职工人数达到2450.6万人，城市人口增至9949万人，占总人口比重增至15.93%。在政府的财政压力急剧加大的情况下，中共中央、国务院连续发布指示，劝止农民盲目外流，禁止工矿企业私自招用农村劳动力，紧缩城市人口。要求公安机关严格户口管理，严禁粮食部门供应非城镇户口人员的粮食，遣返自行流入城市和工矿企业的农民。在城市人口压力剧增，劝止“盲流”难以奏效的情况下，促使国家出台相应的法规，将限制人口自由迁徙的功能纳入了户籍管理制度。

1958年1月，《中华人民共和国户口登记条例》颁布。《条例》以法律形式规范了全国的户口登记制度，是新中国城乡统一户籍制度正式成立的标志。《条例》明确规定了迁移审批制度和凭证落户制度，对户口迁移作了约束性规定。原则上，农民向城市、小城市向大城市的人口迁移都受到严格限制。由此，新中国的户籍制度最终引入了严格限制农村人口向城市流动的功能，形成了城市和农村的二元户籍管理方式。

这一制度安排的要求，就是“既不能让城市劳动力盲目增加，也不能让农村劳动力盲目外流”。从根本上讲，它是衍生于国家重工业优先发展战略的强积累模式。中国工业化的资本原始积累方式，是通过“统购统销”政策，利用工农业产品之间的“剪刀差”来实现的。国家为保证工业化战略的实施，在城市，以社会高福利制度，保持城市居民低工资的充分就业；在农村，则以将农民束缚在土地上的方式，来保证农业生产的相对稳定。与计划经济模式相适应的城乡分隔的户口迁徙政策和一户一簿的户口管理方式就应运而生了。但是，在把农民束缚在土地上的同时，也使工业化和城市化分割开来了。

为了突破人多地少，农村生产力落后，城市容纳力不足的发展瓶颈，中共中央提出了“两条腿走路”的方针。毛泽东发动“大跃进”和人民公社化运动，就包含着促进城乡共同发展，就地转化农民的意愿。1958年11月，毛泽东提出15年建设的任务：“经过人民公社这种社会组织形式，高速度地发展社会生产力，促进全国工业化、公社工业化、农业工厂化。”

“大跃进”期间，国家虽三令五申，制止农村劳动力外流，但在“五风”严重泛滥的情况下，农村人口外流仍是屡禁不止。“大跃进”造成了城乡粮食严重匮乏的严峻局面，国家不得不采取紧急调整措施，大量精简职工，紧缩城镇人口，城镇居民的粮油及大多数日常生活消费品都以户口为依据凭票供应。

在国民经济调整时期，国家还先后制定了一系列与户籍制度相配套的、在利益指向上向城市倾斜的成文与非成文的辅助性制度，户籍因素向社会生活的各个领域全面渗透。生活消费品和生产资料的供给，教育、就业、住房、劳保和其他社会福利的提供，都以户口性质为依据。户口的登记注册功能向利益分配功能异化，成为阻挡农村人口进入城市的又一藩篱。同时，为了保证全国人民有饭吃，中央还提出了人民公社的社队一般不办企业的限制性政策规定。农民被限制在农村里，单纯从事粮食种植业。城乡分割的二元结构的户籍管理制度由此得到固化。

这样，以户籍制度为中心，附着了住宅制度、粮食供给制度、副食品和燃料供给制度、生产资料供给制度、就业制度、医疗制度、养老保险制度、劳动保护制度、婚姻生育制度等十几项制度，构成了维护中国特有的城乡二元结构的制度壁垒。城市居民可以享受较高的生活福利和行政性硬性划给的就业机会，农民则被束缚在土地上，实际上没有得到与城市居民同等的国民待遇，从而演化为两种不同的身份制度，形成不平等的两个社会集团。它和农村人民公社体制与城市单位体制互为表里，行政性管理功能日益强化，成为强有力的社会控制手段，不仅限制了农村人口向城市的流动，也限制了城市间的流动。

在工业化的启动时期，需要农业提供积累，户籍制度的出台确实有着计划经济管理上的便利。中国庞大的人口基数和较高的人口自然增长率，加上重工业对劳动力的排斥、农业剩余产品有限以及城市本身的容纳力有限等因素，使得控制人口向城市自由迁移具有了现实的必要性。通过限制人口流动，以牺牲农民利益来使农村服务于城市，农村不仅要为城市提供资金积累，也要在其他方面为城市“解难脱困”。例如，把一些认为政治上不可靠的人从城市赶到农村以维护城市的安全，以政治运动的形式将城镇居民和知识青年迁徙到农村以解决城市就业不足的问题等等。作为对这种现实性的认可，1975年的宪法正式取消了公民迁徙自由的条款。

总之，当代户籍制度形成于国家工业化战略的实施，固化于国家工业化战略的受挫。它不仅是计划体制下短缺经济的产物，而且是把生产和消费对立起来的片面工业化思维的产物。反映在国家发展战略上，则是应对人口压力巨大而资源匮乏，地域经济极大不平衡国情的一种制度选择。所产生的负面制度效应是，客观上割裂了城市化与工业化过程，使中国的城镇化一直滞后于工业化。1949～1978年，中国长达30年的建设，工业总产值增长了近30倍，市镇人口占总人口的比例由10%增至12.9%，城市化率只提高了8个百分点，即城市人口增加了1个亿，农村人口增加了3个亿。全国80%的人口分散在广大农村，成为排斥在工业化进程之外的相对贫穷人口。由于国家在政策上习惯性地向农村、向土地转移人口压力，使本来就人地关系紧张的农村更感窘迫。

进入80年代以后，随着以市场经济为取向的体制改革的逐步开展，中国的社会结构发生了重大变化。在农村，农村家庭联产承包责任制兴起，人民公社体制瓦解，统购统销制度废除，使农村生产力得到解放，打破了多年农业生产徘徊不前的局面。粮食生产的丰裕，使长期潜在的农村劳动力过剩的问题显露出来了。国家对农民进城务工、经商的政策放宽，乡镇企业异军突起，大量农民剩余劳动力进城谋生，推动了农村人口的非农化趋势和城镇化的发展。在城市，为解决城市严重的就业问题，政府开始放开了对城市的经营政策。在国家的政策鼓励下，个体、民营、集体企业迅速发展起来。特别是在城市改革之后，国有企事业单位普遍进行了打破“大锅饭”、“铁饭碗”的改制，动摇了把人们生老病死集于一身的单位体制。在城市中形成了国营、集体、民营、个体和外资等多种经济成分共同发展的格局。同时，对劳动就业、住房、医疗保险、退休养老制度的逐步改革，使城市背后的各种附加利益在不断弱化。这些因素松动了城乡二元对立的社会结构，城乡人口流动日益频繁。80年代后期，大量剩余劳动力从种植业中脱离出来，开始出现从农村到城市务工经商的“民工潮”。“民工潮”的规模一年比一年大，这是社会进步带来的新问题，说明现行户籍制度的存在根据已经发生了根本性的动摇。

中国古代的户籍制度所呈现出的保守性与封闭性是与古代保守封闭的社会形态相联系的，而现代的中国日益开放，现行的户籍制度已然显露出其落后的特性。不合时宜的户籍制度，虽然可以从历史中找到原由，但历史却不能成为我们固步不前的借口。我们应该以一种更开放的心态来改革现行的户籍制，还户籍以本来的面目。而现行户籍制所企图达到的目标，如城市的稳定、农村的发等展等可以通过其他更具合理性与正义性的经济、政治多种政策来实现。加大调整农村经济结构以发展农村经济、提高农村教育水平、扩大社会保障体系的覆盖范围等。而且这些政策不仅可以有助于实现现行户籍制的目标，同时其本身也是值得追求的社会目标，是我们国家实现经济和社会现代化的应有之意。只有当所有社会成员都享有平等的机会时，只有当一个人的成功与否取决于他的努力和才智而不是出身时，整个社会才可能充满活力地良性运转。

二、城市的过客

随着我国城镇化如火如荼的发展以及村落的持续衰败，越来越多的年轻劳力走出村庄，涌向城市。

我国历史悠久，地域宽广，自然村广布其间，但是近年来，自然村的消失速度过快。据统计，在2000年时，我国拥有360万个自然村，但到了2010年，这一数字变成了270万。也就是说，10年间就消失了90万个自然村，这个数字令人触目惊心。

不断消失的村落

近些年来，大量农村人口进城务工，村落慢慢变得空巢化，只有少数老人和儿童。很多上百年的自然村，在近十多年陆续荒废，成了无人居住的“空心村”，其中所缊涵的大量文化信息、形态随之消失，这个损失无法弥补。

“农民工”是中国现有户籍制度下的特殊群体，也是城市被雇佣者中劳动条件最差、工作环境最苦、收入最低的群体；同时也是中国产业工人中人数最大的群体。

每逢春节，交通部门要开“民工专列”；春节后，媒体又会纷纷报道“民工潮”；有些社会学家在关心着“民工生存状况”；一些教育工作者在评说“民工子弟学校”；其他则如“拖欠民工工资”、“为民工讨薪”等等。但我们是否意识到，在这种称呼中，实际上包含着潜在的身份歧视。

确实，二十多年来，农民工的血汗劳动和低廉工资，成为推动中国经济迅猛增长的最重要因素之一，但他们却受惠不多。随着时间的推移，新一代农民工已经成为了支撑城市发展的主力。1980年后出生的新生代打工仔、打工妹越来越多。他们已经不再是仅想出来挣点活命钱的农民，而是现代传媒和通讯技术教育出来的新一代工人阶级。他们有更强的城市生活动机，更不能容忍社会不公和身份歧视，会直接或间接地表达他们的不满。他们更多地将目光投向服务业、制造业、电子等行业，而不仅仅局限在建筑工地。他们赚钱只是外出打工的部分目的，他们实则更加希望在城市里买房成家，像城里人那样生活。

社会学家们的调查显示，由于农村依旧贫困，返乡的外来工大多数仍然会寻找机会外出打工，打工几乎成为他们改变命运的唯一途径，但城市又不允许他们定居下来。于是，农民工就只能在城市与乡村之间进退，并随着民工潮的涨伏而钟摆式地在城市与乡村间来回摆动。

他们没有务农经历，乡村认同感也在消失，而他们均身处中国大都市，并未能很好地融入当地社会。他们似乎走不出封闭厂区中的“集体宿舍”，实际上也就不可能成为厂区墙外那个城市社会的一员。墙内的灰暗

生活与墙外的繁华市容形成强烈对比。他们无法购买价格不断高涨的商品房，而当地也不会为他们提供福利住房，他们也不能搭建棚户、低门槛地融入城市，租住城中村的廉租私屋也时时面临被“清理”、被“不补偿不安置”地驱逐的命运。以上这些，是我国大量农民工所处的现状，反映着城乡之间那道难以逾越的鸿沟。繁华的城市，却成了跋山涉水的农民工们无处安放自己青春之空中楼阁。一栋栋拔地而起的高楼，增加了他们与这座城市的疏离感。这些现状背后的原因究竟是什么？是什么让他们奉献着自己的青春，为繁华的都市添砖加瓦、锦上添花，却无法真正享受到城市发展所带来的应有的实惠？是什么令那么些年轻的生命，从高楼顶上演自由落体运动，了结自己可爱的生命？是什么促使他们依旧背井离乡，继续透支自己的青春，换取繁华城市陌生的“笑颜”？这些问题的背后根源是复杂的，且都是长期以来所形成的，归结起来，我们的城乡二元户籍制度，是分隔城市乡村，加速两者差距的很重要的一个原因。

对于大多数第一代民工而言，他们清楚地知道自己只是城市的“过客”，他们来自农村，归宿也在农村。对于新生代民工来说，他们往往不清楚自己的未来在哪里。他们向往城市，却不被城市所接纳；根在农村，却对农村日益疏远。对他们而言，城市意味着一种新的生活方式，意味着不一样的前途，不一样的命运。他们希望通过进城务工经商，告别祖祖辈辈“面朝黄土背朝天”的生活。外出的经历更让他们深刻地体会到城乡之间的巨大差异。但是城市高昂的生活成本、严格的户籍制度、冷漠的社会歧视等一道道有形无形的门槛不断粉碎着他们的城市梦。城市文化的耳濡目染又不断消解着他们对家乡存有的情感认同和社会记忆，生活方式的巨大差异也使他们渐渐不再适应农村的生活方式。总之，比起第一代农民工，他们真正成了既融不进城，也回不了乡的“边缘人”。

农民工问题的根本解决之道，是让农民成为市民，让他们分享经济发展成果，建立社会支持体系，让农民工转化为城市市民。目前，以户籍管理制度为标志的城乡分割制度，是农民流动和城市化适应的最大障碍，也是中国城市化进程的最大障碍。城市不是农民工的家，他们当然也不会全身心地爱护这个不是家的地方。各种犯罪和不文明行为就是农民工过客心态的体现。城市对农民入城，既欢迎又有些排斥。农民进入城市大多干的是最苦、最累、最脏、挣钱最少的工作，的确填补了城市职业的许多空白，给城市居民带来许多方便，也促进了城市经济的发展，然而，农民涌入城市也带来了一些社会问题，使得城市居民对他们产生一种拒斥意识。入城务工人员所受到的经济上、政治上的待遇，与有城市户口的工人相比确实也是“二等工人”。他们与有城市户口的工人同工不同酬，同工不同权，同工不同福利保障，现行户籍制度伤害了为数众多的社会成员的尊严，固化了城乡二元结构，妨碍了城市发展的正常化进程，甚至对目前的贫富两极分化也起着推波助澜的作用，给人们直接的感觉，就是它放大着社会业已存在的不公。

城乡二元对立的户籍制度是留在中国人尤其是中国农民身上带有明显歧视色彩的烙印。客观地讲，传统户籍制度对于计划经济背景下维护社会稳定和确保农业基础地位等需要，确实起到了“铁篱笆”似的重要作用。然而，随着市场经济的发展，滥觞于农业社会和计划经济的传统户籍制度已经明显不适应时代的需要。

在改革前，我国曾以严格的身份壁垒和户籍管制把农民禁锢在乡间。

在我国改革前的命令经济时代，农民得到特别恩准改换身份的“招工”机会极少，“民工”这个概念在当时并不意味着打工挣钱，而意味着对农民劳动力几乎是无酬的征发调集，与自古以来百姓对朝廷的劳役负担性质类似。那时只要农闲，青壮农民几乎都要“出民工”，有时连农忙时也要保留部分“民工”连续作业。那时农民是没有自愿出去“打工挣钱”之说的，由民工变成“市民”就更不可能了。自行外出打工，那时叫做“盲流”（“文革”时一些地方甚至俗称“流窜犯”），被抓是理所当然。

“流水不腐，户枢不蠹”这句中国民谚，生动揭示了自由迁徙对于经济社会发展和文明进步所具有的重要意义。户籍改革应当把户籍管制的权力关进制度的笼子里，而把自由迁徙的权利放出制度的笼子。

自由迁徙通过人力资源的有序流动和合理配置，可以为实现人尽其才、人尽其力和安居乐业的社会环境创造有利条件。自由迁徙是市场经济发展的内在必然要求，而人力资源的市场配置模式同样也必然要求法律为劳动力的自由流动提供保障。当然，这种自由并非没有限制的自由放任，而是在国家的法律和政策调控之下的相对自由，即在通过法律和政策保障公民自由迁徙权的同时，还要规范和引导公民的迁徙行为，从而实现人力资源的有序流动及合理配置。

当前，户籍制度改革严重滞后，已经成为制约农业转移人口市民化和城镇化质量提升的重要障碍。推进农业转移人口市民化是提升城镇化质量的核心，而加快户籍制度改革则是推进农业转移人口市民化的前提条件。

改革开放以来，我国城镇化进程不断加快，全国城镇化率由1978年的17.9%提高到2012年的52.6%，年均提高1.02个百分点。尤其是1996年以来，全国平均每年新增城镇人口超过2000万，城镇化率年均提高1.39个百分点，是1978～1995年的2.2倍，1950～1977年的5.6倍。目前，我国城镇化率已经达到世界平均水平。

但应该看到，目前我国城镇化水分大、质量低，非本地户籍的常住外来人口占很大比重。2011年，我国户籍人口城镇化率仅有35%，户籍人口城镇化率与常住人口城镇化率的差距从2000年的10.5个百分点扩大到16.3个百分点。按照第六次人口普查数据，在全国市镇总人口中，农业户口人口高达3.1亿人，所占比重为46.5%，其中市为36.1%，镇为62.3%；全国市镇非农业户口人口仅占全国总人口的27%。

目前，城镇农业户口人口已经成为我国城镇化的主体。从1978年到2010年，我国新增城镇人口4.93亿人，其中农业户口人口2.62亿人，占53%。这期间，我国城镇化率提高31.76个百分点，其中城镇农业户口人口贡献了18.12个百分点。也就是说，如果剔除农业户口人口的贡献，城镇化率实际仅提高13.64个百分点，平均每年仅提高0.43个百分点。

这些常住在城镇的农业转移人口虽然被统计为城镇人口，但由于户籍障碍和“农民”身份，他们在民主权利、劳动就业、子女教育、社会保障、公共服务等方面长期不能与城镇居民享受同等待遇，难以真正融入城市，市民化进程严重滞后。这种现象既削弱了城镇化对内需的拉动作用，不利于产业结构升级和劳动者素质提高，也造成了农业转移人口与城镇原居民之间各种权益的不平等，严重影响了社会和谐稳定，还加剧了人户分离，给人口管理带来难度。2010年，我国城镇人户分离已达2.26亿人，占城镇总人口的33.7%。

因此，要着力提高城镇化质量，就必须下决心清除户籍障碍，加快户籍制度及相关配套改革步伐，有序推进农业转移人口市民化，为积极稳妥推进城镇化创造有利条件。

现行户籍制度迄今依然是一项以限制人口迁移为主要目的的封闭式人

口管制制度。城市户籍之所以成为香饽饽，数十年铁板一块的户籍政策之所以难以松动，根本上就是因为户口附加着太多的利益，且总是与公共福利挂钩，包括诸多只有城市居民才能享有的特殊的就业、教育、补贴、社会保险等权益。因此，户籍制度改革的终极目标应当是实行与自由迁徙相适应的、开放性的、城乡统一的以身份证为准的“一卡通”式管理模式，彻底打破所谓“农业户口”与“非农业户口”的界限，消除依附在户籍上的特定的经济和社会利益，最大限度地削弱户籍制度的限制性功能，使户籍恢复其只承担单纯人口基本信息统计功能的“庐山真面目”，最终形成中国公民在境内享有同等待遇的统一的户口信息登记制度。

户籍制度改革的关键是户籍内含各种权利和福利制度的综合配套改革，户籍制度改革只是“标”，而其内含各种权利和福利制度的改革才是“本”。户籍制度改革必须标本兼治、长短结合，其目标不是消除户籍制度，而是剥离户籍内含的各种权利和福利，逐步建立城乡统一的户籍登记管理制度和均等化的公共服务制度，实现公民身份和权利的平等。

只有彻底剥离附着在户籍上的不平等权益福利，才是实现自由迁徙的根本之道。

国外户籍管理扫描

户籍管理是世界各国最根本的社会管理制度之一，不光中国有此项制度，国外也同样有。外国的户籍管理多叫“民事登记”或“生命登记”、“人事登记”，其内容多包括人口出生登记、死亡登记、婚姻登记，虽然叫法不一，但基本上与我国的户籍管理大同小异。所不同的是，有些国家是靠市场加法治的手段，有的是靠加强城市管理水平来调节公民迁移和移居方向。

研究发现，像法国、荷兰、罗马尼亚、苏联、日本、印度、秘鲁、阿根廷等国家的出生登记，内容十分详尽，不仅有公民出生年月、性别、单双胞胎等内容，而且还有其父母的职业、经济收入、国籍、宗教信仰等相关内容，比我们的户口登记详细得多。因为“民事登记”作为一项最基本的社会管理制度，是其社会制度的基础和依据，关系重大，因此各国都十分重视。与我国不同的是，它的管理机关多为内政部门、司法部门或统计部门。并且，国外对公民的迁移和移居多采取的是市场加法治的管理手段，因为这样可以保持整个社会的稳定。

泰国专门颁布了“户口登记条例 ”，分外侨、国内公民两部分。其“户籍注册”（相当于我国的户口登记）十分严格，条例规定必须“注册”公民的三部分内容，即收入状况、纳税情况、简历（包括犯罪记录）。简历涉及公民的个人隐私，国家有严格的法律保密制度，有关部门不得随意向社会公布，并且户籍注册还必须让被注册者本人按手印，十分严格。这些都是法律明文规定的。与我国户籍管理不同的是，泰国对居民迁移和移居情况有详细规定。泰国实行的是事后迁移政策。条例规定，对符合居住条件及居住期超过6 个月的居民，其居住地有关部门可为其办理户籍登记，承认其居住地户籍。而我国实行的是事前迁移政策，居民必须凭迁移地的有关部门核发的准迁证予以迁移。泰国的户籍管理采用的是市场经济原则和法律效力的作用，让不能在某城市（特别是大城市）生存（包括经济收入、住房等）的公民，按市场法则去选择适合自己经济水平的城市居住。这种方法往往较行政手段更有效。

南美的阿根廷实行的是“三项大登记”制度，即出生、婚姻、死亡登记，与我国的户口登记几乎相似。国家设有“人口登记局”，实施身份证制度。该国实施的也是事后迁移制度。

欧洲人口管理尤以丹麦和瑞典最为有名。丹麦人口登记制度十分先进又比较严格，是最早实行“人号”管理的国家。登记内容包括公民的姓名、出生年月、性别、婚姻状况、纳税情况、监护人等。瑞典由于历史传统的原因，是由教会管户口，人口登记有三百多年的历史。他们实行的也是事后迁移制度。

法国的户籍管理内容十分详尽，不仅有公民出生年月、性别、单双胞胎等内容，而且还有其父母的职业、经济收入、国籍、宗教信仰等相关内容。法国人的户籍信息与他们的就医、存款等日常生活紧密相关，一旦变动，意味着整个生活将发生较大变化，可谓牵一发而动全身。对于跨地区的人口流动，不论是城里人下乡，还是农村人进城，法国政府都没有任何强制性的行政措施，只要本人愿意，到哪儿扎根都没有人拦着。搬家的话，只需通知以前的社会保险机构，将其个人资料转到新住址所在地的相应机构即可。

非洲如摩洛哥王国也实行“户籍法”，公民依法进行出生申报、死亡注销登记。

美国实行的是“出生死亡登记大纲”。因为实行“户口登记”美国法律通不过，美国法律认为这样侵犯人权，故只进行公民出生、死亡登记，平时公民可以自由迁移、移民。但公民迁移和移居某地，其生活状态必须符合该城市卫生及相关法律规定，如有一定的住房面积，有稳定的收入，能呆在该地。否则，有关部门将出面予以法律制裁，用这种方法维护一个城市的和谐和发展。

在美国，驾照、信用卡和社会安全号扮演了身份证的角色。比如，你在用信用卡购物时，商店通常会让你出示一张带照片的证件，来证明信用卡不是盗用别人的，这个时候驾照就派上了用场。如果你碰巧没考下驾照，可以向驾照发放部门申请一张不能用来开车的证件，上面印有照片，同样可以在某些场合用来证明自己的身份。

除了驾照之外，信用卡也常常可以扮演身份证角色。因为驾照或信用卡的磁条内都存储了个人基本信息。如今，越来越多的美国金融机构在发放信用卡时，也会把持卡人的照片印在卡上，这不仅可以防止信用卡丢失后被盗用，还使得信用卡可以更好地用作身份证。

驾照和信用卡尽管拥有验明正身的功能，但要想申请到它们必须先从社会安全局申请到一个社会安全号。社会安全号是美国政府管理常住人口的法宝。任何一个美国公民或在美长期居留的外国人，都必须拥有一个社会安全号，号码唯一且终生不变，类似中国的身份证号。但每个人并不会有一个像身份证一样的卡片带在身上，只需要在脑子里记住这个9位号码。社会安全号在防止商业欺诈、维持市场秩序方面也有一定作用。美国商界很少有人敢制造、销售假冒伪劣商品或搞欺诈活动，这并不是说美国商人觉悟多高、品德多好。社会安全号制度使得任何人如果留下污点，今后将得不到别人信任，也找不到生意伙伴。

日本的户籍，实行的是“户口随人走”的制度，它以家庭为单位标明每个人的身份、夫妻关系、父子关系等。孩子在20岁的法定成人之前，无权独立设立自己的户籍，一旦成人，完全自由。但是日本最常用的户籍文本称为“住民票”，它以每个人的居住地为基础设立，标有此人的姓名、出生年月日、性别、与户主的关系等。根据户籍可以清楚地知道该国民的有关亲族关系的“私人性身份”，作为国民的“公共性身份”。其户籍制度，有如下特点：

第一，日本的户籍属“变动性登记”式，即国民自己向登记事务掌管者（市、街、村长）提出有关的登记申请书，掌管者将其申请内容转记丁登记注册卡上，并记载被登记者今后各方面的变化情况。

第二，日本的户籍采用的是“依人编制”式，即在每个国民出生后立即为其设立登记卡，将其从出生到死亡的每一次重要的有关身份事项及事件都顺次地记载下来。

第三，日本的户籍是“家庭卡片”式，即在每个人的卡片上记载其家庭成员。通过这样的卡片，任何国民的夫妇关系、父母关系、子女间的关系都一目了然。

日本的户籍由于采取“依人编制”式和“家庭卡片”式的结合，很好地起到了登记身份和公证的作用，但也存在一些不足，比如，因户籍是以公证和公示为目的的，所以允许公民查阅及核实，要想了解自己未婚夫的简历，就可查阅其户籍。这种办法固然有效而且值得仿效，然而被查阅者的隐私权却遭到了侵犯。

日本是一个人口迁徙自由的国家，其国民在哪里居住和工作由自己选择，选择哪里就自然成了哪里的常住居民，享受当地所有的福利。但有一点迁徙者是必须做的，就是在一个月内到当地行政部门去登录，登录时居住地点填得很细，工作人员问清地点之后，甚至会把建筑物的平面图拿出来核对。之后，原来的户籍材料就会自然变更。同时，申请人必须在一周内向有关部门提出申请，然后更新国民健康保险证和驾照。当然，也可以不申请，但一旦需要看病报销或出交通事故时，那有关部门会按相关法规铁面无私秉公办理。

注意身份管理是日本社会治安良好的一个主要原因，因为日本有严格的户籍登录制度作后盾，可以反映人们真实的居住情况，一旦发生案件，很容易查到线索；注意身份管理使日本人口流动有序进行，不会发生失控现象，人们迁移并非居无定所的盲流，往往是安顿下来之后，选择适合自己的职业，并很快融入新的城市，最终实现安居乐业；注意身份管理可以加强日本行政当局和居民的协调，行政当局根据地址容易找到本人，通过加强联络让居民增强归属意识，在享受当地各种优惠的同时，注意遵守当地的行政措施和法令。

第7章
房地产探究

Urgent Reform

在我国的房价构成中存在多个利益体，开发商、地方政府、银行、媒体形成一条“泡沫”制造链，从拍卖土地价高者得、虚假宣传误导消费、囤积居奇哄抬房价、高息放贷加重成本等方面，将房价不断推高，以攫取更大价值。正是在这样的模式下，更多的货币被催生出来，而过量的货币进一步推升房价。利益体在这样的饕餮盛宴中，享受着利润共享的狂欢。

一、房地产市场吹大经济泡沫

说起房地产，则不得不提及2007年起源于美国的次贷危机。正是由于那次危机，使得金融系统的危机在各大机构轮番上演，从雷曼兄弟的破产到两房（房利美和房地美）被政府接管，再到财长保尔森为了7000亿美元救市法案获通过，而向众议院议长佩洛西下跪等，之前的一幕幕，如惊涛、似骇浪。当危机犹如病毒一般，在美国乃至全球金融市场上蔓延之时，一场百年难遇的危机已经到来。

当金融危机进一步恶化，实体经济的危局也就在所难免。破产、裁员、失业等造成社会不稳定因素骤然上升。当前的世界经济，依然没有从那次危机中走出来，元气的恢复或许还需要若干年。

次贷危机从本质上而言，是一种由次级住房抵押贷款所引发的借贷危机。主要集中在没有良好信用和收入的人群，这些人群或者由于信用记录不好，或者由于偿债能力较弱而被银行拒绝提供优质贷款，而只能转而求其次，申请承担着较高利息成本的次级抵押贷款购买住房。

美国次级抵押贷款市场通常采用固定利率和浮动利率相结合的还款方式，即购房者在购房后头几年以固定利率偿还贷款，其后以浮动利率偿还贷款。

在2006年之前的5年里，由于美国住房市场持续繁荣，加上前几年美国利率水平较低，美国的次级抵押贷款市场迅速发展。

随着美国住房市场的降温尤其是短期利率的提高，次贷还款利率也大幅上升，购房者的还贷负担大为加重。同时，住房市场的持续降温也使购房者出售住房或者通过抵押住房再融资变得困难。这种局面直接导致大批次贷的借款人不能按期偿还贷款，银行收回房屋，却卖不到高价，大面积亏损，引发了次贷危机。

可见，次级债危机的根源在于美国的房地产市场泡沫的堆积以及居民的过度负债消费。房价下跌后，大量的房屋抵押消费贷款来源被切断，导致作为美国经济增长主要推动力的消费增长乏力，经济增长预期进一步下降，如此形成恶性循环。

次贷危机是美国房地产市场过度发展而造成的恶果，过多的资金、资源向房地产倾斜，而该行业的现实无力承担如此的重量和压力，市场的崩溃无法避免。除美国次贷危机以外，我们不妨再回顾一下20世纪八九十年代的日本。

从1987年开始，日本廉价的资金成本、过度充裕的货币数量，形成了对资产价格的强力推动。从1987年到1990 年，日本股票价格指数再涨幅度接近100%。

东京商业地价指数从1985年到1988年，在短短的3年时间里，暴涨了近2倍，中央地价更是上涨了3倍。1990年，仅东京都的地价就相当于美国全国的土地价格，制造了空前的房地产泡沫。1985年，日经指数只有约14000

点，到了1989年12月，已经高达38900点，上涨了2倍。在地产和股市的双重压力下，日本央行于1989年5月至1990年8月五次上调中央银行贴现率从2.5%至6%。同时，日本大藏省要求所有金融机构控制不动产贷款，日本银行要求所有商业银行大幅削减贷款。到1991年，日本商业银行实际上已经停止了对不动产业的贷款。货币政策的突然转向首先挑破了日本股票市场的泡沫，1990年，日本股票价格开始大幅下跌，跌幅达40%以上，股价暴跌几乎使所有银行、企业和证券公司出现巨额亏损。紧随其后，日本地价也开始剧烈下跌，跌幅超过46%，房地产市场泡沫随之破灭。泡沫经济破灭后日本经济出现了长达20年之久的衰退。

回顾日本的过去，我们会发现，我国当前的经济现状与当初的日本有着很多相似之处。目前来看，我国房地产市场在不断升温，价格与民众的收入水平之间的差距越拉越大。不断催生的货币，在推高物价的同时，进一步吹大房地产市场泡沫。“前车之覆，后车之鉴。”这是我们时刻都应当引以为戒的案例。之前的世界第一、第二大经济体，均遭受泡沫破灭的打击，我们真的会很幸运，能够不重蹈其覆辙吗？

二、“房叔”、“房姐”&“房奴”

2013年7月，国家统计局发布的全国70个大中城市住宅销售价格统计数据显示，6月份新建商品住宅和二手住宅价格环比上涨的城市分别是63个和55个，新建商品住宅和二手住宅价格同比上涨的城市分别是69个和68个。

另有数据显示，2013年7月，全国100个城市（新建）住宅平均价格为10347元/平方米，环比6月上涨0.87%，自2012年6月以来连续第14个月环比上涨，涨幅比上月扩大0.1个百分点。同比来看，全国100个城市住宅均价与2012年7月相比上涨7.94%，涨幅比上月扩大0.54个百分点。

房价的上涨和我国货币的发行量有着很强的正相关性。2003年7月末，广义货币供应量M2余额为20.62万亿元，而到2009年12月末，M2余额达60.6万亿元。到了2013年，这个数字已经突破100万亿元。如此的货币供应，房价不涨反倒是一件怪事。

面对市场，楼市调控之手俨然失效。与被称史上最严厉的调控并行的是房价越来越高，与此同时，不断刷新纪录的地王层出不穷，暗示着未来房价还有更多的“上涨空间”。如此的普涨现状，究竟房市调控还有多少值得期待的政策出台？

一边是不断上涨的房价，一边是层出不穷的“房叔”、“房姐”。

2013年年初在网络上被传得沸沸扬扬的陕西榆林神木县龚爱爱，在京拥有房产40多套，近一万平方米，仅拥有的地产总价就高达数亿元。此天文数字，无怪乎触动了很多人。巨额资产加上多个户口，这个县级银行副行长演绎的是一出神秘大戏，也是一出让人慨叹之戏。

就在人们由于龚爱爱的“传奇”而对社会公平进行质疑之际，原铁道部部长刘志军被爆料，由于受贿、滥用职权，致使其名下房产多达374套。这个数字足以令公众惊愕到无以复加的地步，近乎击穿了人们可以容忍的底线。

千篇一律的住宅楼（图片来源：和讯网）

近来，所谓的“房”

氏家族一再亮相。“房姐”、“房叔”、“房妹”等接连登场，给公众留下了丑陋的印象。今天的社会现实是，许多年轻人为了买一套房子而处于焦虑当中，许多民众为了改善住宅条件非常辛苦，这更容易和“房”氏家族的阔绰形成巨大反差。那些手握多套甚至几十套房产的“房”字辈，要么借权力裹挟财富，要么资产来路不明，引来诸多的埋怨和指责。不得不说，“房姐”、“房叔”、“房妹”们的故事，还都是个案，只是在某些条件下偶然暴露出来了，诸多舆论关心的是，除了这些个案，全局的情形怎样呢？有理由怀疑，目前已经呈现出的个案，或许只是“房”氏家族的冰山一角。

当然，类似的情况还有很多，多到让我们不忍揭开那真相的“衣角”去看个究竟。我们还对社会之公平抱有些许期许，我们还对人性本善之观念存有值得怜悯的期盼。但是，这些在残忍的现实面前，确实都显得是那样的淡薄和弱不禁风。

对绝大部分人而言，房子是他们安身立命的根本。他们终日奔波，在熙攘的都市里，努力为自己营建一个家。而对于类似龚爱爱这类依靠关系、特权而取得财富的人，根本无法理解普通民众的艰辛。两相对比，这无疑是对大多数还没有购房人的一种挑衅和侮辱。因为，大众所追求的家，成了少部分人“掌上玩物”。不断上涨、高不可攀的房价，又扼杀了多少企图宏图大展的年轻人的梦想，繁华的都市，终究成为他们无从安放青春的陌生之地。

追根溯底，“房叔”、“房姐”们的乱象，仍是跟权力软约束的现状密切相关。只要权力得不到约束，房产领域就仍是乱象迭出之所在。减少、杜绝“房叔”们的生存空间，就是要“把权力关进笼子里”，在盘踞已久的属于大众的存活空间，拱手归还。不如此，我们所谓的和谐、公平等言谈，只能是纸上谈兵，更宜作为人们相互调侃的悲凉话题。

三、“鬼城”争领风骚

2013年12月3日，美国联邦破产法院法官裁定，底特律符合美国破产法第九条的破产保护条件。底特律曾是美国第五大城市，美国汽车工业中心，拥有180万人口，有“美国的巴黎”之称。但如今，这座城市仅剩70万人，还拥有高犯罪率与失业率，被《福布斯》杂志评为2012年美国最悲惨城市。底特律的低房价始于金融危机。作为美国三大汽车公司通用、克莱斯勒和福特的总部所在地，2008年爆发的金融危机让“汽车城”底特律遭遇重创，当地许多人失去工作，还不起住房贷款，成千上万的房屋被银行收回拍卖，房价曾在2007年达到顶峰的底特律房产市场崩溃，价格一落千丈。

Made in Detroit（底特律制造）

底特律，昔日繁荣的美国重要港埠、世界汽车工业中心和音乐之都，今天人称“美国鬼城”，市政府财政濒临破产，可望创造美国最大的地方政府破产案例。该市城区很多建筑已经成为城市探险乐园，更有一些艺术家专程来到这里的废墟中徜徉，寻找灵感。

静静的大街、颓败的高楼、破碎的玻璃以及毁坏的房屋等等，这种现

《我是传奇》剧照

状让人不禁联想到了美国电影《我是传奇》的开头部分，那种寂静和荒凉，空洞的高楼与空无一人的街道形成强烈发差，显得诡异和恐怖。跳出电影的幻境，回到现实中来，类似的景象也并不鲜见。上例中的底特律的例子，在我国多个城市均有发生，虽然成因不尽相同，但景象惊人相似。

尽管很多楼盘都卖出去了，但房子的持有者并不是为了居住，而是为了唯一的目的，即等房价上涨时卖出，其他时间宁可房子闲着。指望人口迁入也是不太实际的，空有房子而就业欠缺并不能真正吸引新移民，于是在高楼大厦的丛林之中，罕见几个人影，有些地方，马路清洁工甚至比行人还多，一到晚上，各小区漆黑一片，所谓鬼城也就由此而来。这些鬼城基础设施齐全，规划时早已计算好为了几十年的繁荣，什么都不缺，只是缺人。

这也就是所谓“中国鬼城”的真实写照，尽管城镇化进程被认为是中国经济未来发展的最大驱动力，而且政府也已经将城镇化列为经济社会发展的战略决策，但“鬼城”或曰“空城”还是在我国多个城市大量出现，并且数目不断增加。这类空城之所以出现，在相当程度上是持续10年之久的房地产牛市的产物。

在房价飙升的背景下，炒地炒楼成为企业重要的赚钱之道，资本从各个行业涌入这一领域。地方政府依赖土地财政，开发商投机动机强烈，导致房地产项目过度开发，出现了局部严重的供大于求。

我国现有新城区已构成城市供应过剩，摊大饼式无限制扩张已造成

“空城”频现。自十八大以来，城镇化话题逐渐升温。尤其在我国面临经济下行的背景下，城镇化被提上重要议程。部分地区将城镇化视为地方发展的“救命稻草”，想尽一切办法加大投资力度。一些城市的房地产项目空置率高达40%～60%，部分中西部城市的房地产项目空置率更高达70%～80%，造成了土地等资源的极大浪费。

事实上，从数据来看，1990～2000年，我国城市建设用地面积扩大90.5%，但城镇人口仅增长52.96%，土地城镇化是人口城镇化的1.71倍。与此同时，2000～2010年，城市建设用地面积扩大83.41%，城镇人口仅增长45.12%，达1.85倍。

我国城镇化面临土地城镇化快于人口城镇化。发展产业效益显现时间较长，而房地产却见效快，因此，地方政府多选择收入高、见效快的土地财政，而土地财政方向便是单一房地产化，这也是造成城镇化摊大饼的主要原因。

国土部此前公布的数据显示，上半年我国房地产用地供应8.24万公顷，同比增长38.2%，大幅高于近五年同期水平。全国土地出让合同价款总额高达1.7万亿元，增幅达77.3%，创历史新高，其中房地产用地出让价款同比增幅超过高达90%。

此外，近期审计署公布的《36个地方政府本级政府性债务审计结果》显示，截至2012年末，18个省和直辖市，有17个承诺以土地出让收入来偿债，比例高达95%。而2011年审计署对全国政府性债务的全面审计结果显示，截至2010年底，地方政府负有偿还责任的债务余额中承诺用土地出让收入作为偿债来源的债务余额为2.55万亿元。2012年和2013年进入偿债高峰期，偿还的债务额分别占17.17%和11.37%。

以“土地财政”为主的城镇化由于没有产业支撑，对人口吸引能力较差，只会增加“空城”的数量，推高房价，因此是不可持续的。

鬼城的共同之处，往往伴随着房地产市场的高库存和楼房高空置率，并多发生在三、四线城市，甚至一些大城市的个别区域也不能幸免，存在微型鬼城。

下图是一个较为典型的例子，黑暗中的一点亮光，显得是如此的孤独和诡异。

下面我们可以一起领略中国十大“鬼城”的风采。

① 鄂尔多斯。堪称中国最著名的鬼城之一。鄂尔多斯虽然地理位置偏远，常住人口为150万左右，但能源资源储备丰富，受益于西部大开发战略，整个城市几年间呈现出爆发式的财富增长。然而在“暴发户”式的增长之后，大量的资本投资到了固定资产领域，生生造出了康巴什新城，房价一路飙升数倍。只是鄂尔多斯终究产业单一，仅以煤炭业为主，如今这里依然人丁稀疏，房价已跌去七成，由盖楼兴起的借贷行业也几乎崩溃，现在的鄂尔多斯不仅是鬼城，也是债务之城。

② 营口。地处辽宁省中部沿海的港口城市，北有沈阳，南有大连，地理背景看似不错，房地产扩张的理论基础也源自于此，但营口的吸引力明显不如紧邻的二线城市，实则被夹在两城中间被动不已。过度开发的楼房库存难以被市场消化，依稀可见鄂尔多斯的影子。

③ 唐山。春节期间，唐山由于大量楼盘空置而引发媒体关注。造成目前局面的原因，除了开发商在全国楼市火爆之时的拿地冲动，还有唐山市政府的规划冲动。有唐山地产人士估计唐山未来的住宅供应规模可能更加

可观。“供大于求将是未来几年唐山房地产市场的常态”。

④ 宁夏海原。海原是个典型的贫困县，地处宁夏西海固地区，是中国西北部最干旱、贫穷的黄土高坡。2007年，海原县申请政府驻地搬迁至距离原老县城60公里的黑城镇。新城建好后，却很少有人愿搬到新城。

⑤ 京津新城。北京东南120公里，天津市区往北50公里外，曾经是“荒郊野地”，2006年，它以“京津新城”的名义，获国务院批准为天津市宝坻区郊外的一座生态卫星城，规划面积达258平方公里。2010年以来，这座号称已经拥有亚洲最大规模的别墅区、温泉城和超大型五星酒店的“新城”，因人烟稀少、房屋空置，被称为鬼城。

⑥ 常州。与鄂尔多斯不同，常州地处经济发达的长三角地区，周边环境优越，但由于房地产开发过剩，房屋空置率和库存都十分高，媒体中已有“鄂尔多斯第二”的称呼。由于地理位置较好，开发商和投资者赌常州未来的增长前景，但房地产建设明显十分超前，自身经济又不够强大，即使投资者们赌对了，库存也需要大量时间消化。

⑦ 贵阳。贵阳是西南重镇，也是省会城市，吸引力比小城市要大得多。但待消化的潜在住宅库存供应，早已超过3000万平方米，这个只有300万左右常住人口的城市，消化这些库存可能需要数年，鬼城的阴影，随时都可能笼罩这里。

⑧ 温州。尽管温州房价一度高企，却依然存在快速增长的高库存，和鄂尔多斯一样，温州变“鬼”，也与房价暴跌和民间借贷崩溃脱不了关系。伴随着房价下跌，多数炒房者都资不抵债，各种跑路事件频发，反过来又促使投资者卖房，循环之下，“温州炒房团”的神话也宣告破灭。

⑨ 云南呈贡。位于昆明东南，距昆明主城17公里，面积461.1平方公里。2003年，昆明市委、市政府把呈贡新区建设作为现代新昆明建设的突

破口率先启动。新建的13座市政大楼，早在2007年就已建成，但原定搬入的昆明市级行政机关迟迟不搬，其中一条原因就是相关学校、医疗、餐饮等配套设施不完善。

⑩ 三亚。相比之下，三亚可以用来炒作房地产的概念就强大多了，旅游度假胜地、重点开发区，三亚的房屋均价堪比京、沪，但房子大多是空的。据统计，海南岛外人士购买三亚住房的比例超过85%，而多数业主只有在冬季才会到三亚来，无论这些房屋是被闲置还是空置，到了晚上各种高档住宅区始终漆黑一片。

看到上述的数据和例子，我们不得不对这样的发展模式打上问号。没有人居住的房子，究竟为什么还要建呢？随着地产行业的激进式发展，社会的各项资源都在向这个行业倾斜，社会的整体创造力也正在这样的利益追逐中被侵蚀。

四、“地王”争霸赛

2013年以来，在中国的城市版图上，地王大战遍地开花，各大房企巨头和资本大鳄们在角逐中不断刷新纪录，制造着令人瞠目的价格标尺。回头来看号称是“地王年”的2009年、2010年，与2013年相比，简直是小巫见大巫。不仅仅是之前的地王价格峰值屡被突破，而且从数量来看，2013年地王可谓是在多个城市遍地开花。

《中国经济周刊》旗下的智囊机构中国经济研究院根据27个省会行政中心城市的地价编制出的“2013年中国地王图”显示，2013年以来，各大房企正在全国跑马圈地，部分城市的地王价格创出了史无前例的新高。49

个地王中，有将近一半的地王被大型房企夺得，除了中粮地产，万科、恒大、绿地、保利、中海等知名地产大鳄均斩获颇丰。

“地王”的频现，造就了房价的居高不下。与此相对的是，城乡居民的收入增长速度，远远赶不上房价的上涨速度，即使目前来看房价的上涨速度在相应的调控措施下有了些许放缓。据中科院的一份报告中所提及的，中国85%的家庭其实没有能力购买住宅。

这样的地产盛宴，越来越集中在少数人的圈子，而所谓的地产精英们，也总能攀附权力，变戏法儿似的玩出很多花样，进行着惊人的财富转移。饕餮盛宴中，普通的大众消费者催肥了本已腰缠万贯的少数人群。

但是这些财富，与我们又有何相干？以北京土地市值为例，看看我们究竟多么的富有。

2013年上半年，北京的土地总收入已达到664亿元人民币，而成交的土地面积为813万平方米。以此计算，北京市土地的平均价格为8167元/平方米。

北京市的国土面积为1.64万平方公里，假如将北京市土地全部变卖，即将8167元/平方米和土地面积这两个数据相乘，可以得出当前北京土地总市值已经高达134万亿元人民币。

8月2日，美国商务部公布调整后的2012年GDP数据，为16.3万亿美元，约合人民币100万亿元。美国一年的GDP还不及北京土地总市值。惊人的数字体现出了地产行业繁荣背后的泡沫和危机。

北京的土地市值超过美国一年的GDP，这个令人窒息的数字带给我们怎样的思考？如此富裕的北京城，带给了那些怀揣梦想的北漂族多少希望？或许，走向那些“蚁居”楼，走向那些潮湿的地下室，走向那些被逐的小商贩，答案便能知晓！

五、房地产的利益共同体

上文提及的各地“空城”，空旷、诡异，但为何依然会有如此之多的资金义无反顾地去推动已经很高的房价呢？看到如此之多的空置房，看空房价后市的声音不绝于耳，不过房价在现实中依然看不到下降的明确迹象。缘何理论和现实在我国地产领域如此的难以吻合，背道而驰？

常常会看到或者听到很多专家学者在各式各样的媒体上阐述对中国房地产市场的看法，预测未来几年的走势。其中或对或错我们暂且不论，单就存有的两种截然相反的观点，就令我们如坠云里雾中。我们应该理解，这些专家学者从某种角度来讲，有时候的言论并不独立和客观，他们甚至是利益集团的代言人，对既有观念（甚至是与实际偏离的观点）的坚持往往构成了他们的生活方式。

究竟应该如何看待中国的房地产市场？中国房价何时才能回归到让人觉得正常的价位和状态？其实在我国的房价构成中存在多个利益体，其中，开发商、地方政府、银行、媒体算得上是前“四大”，它们形成一条“泡沫”制造链，从拍卖土地价高者得、虚假宣传误导消费、囤积居奇哄抬房价、高息放贷加重成本等方面，将房价不断推高，以攫取更大价值。正是在这样的模式下，更多的货币被催生出来，而过量的货币进一步推升房价。利益体在这样的饕餮盛宴中，享受着利润共享的狂欢。

我们先从政府的角度来看。一届政府5年时间，自然也就没有动力去进行收效甚慢的长期改革，而对政绩的考核又实实在在摆在眼前，所以维持原有的经济增长模式，省时省力，甚至可以获得褒奖，实现晋升，何乐而不为呢？况且，随着城镇化进程的大面积展开，地方政府的债务会不断增加，如果不通过土地、房价的“良性”循环，如何稀释和化解自身的债务呢？

另一方面，不断上涨的房价越发强化了地方政府同开发商之间的利益链。一个城市的房地产开发，可以让当地政府获得诸多好处。首先，低价拆迁后的高价拍卖成为地方财政收入的重要一环；其次，房地产开发可以带动周边的商业发展，拉动相关行业的景气度。最后，周边的商业发展可以增加政府的财政税收，如此种种。

在这样的情况下，地方政府自然愿意通过优惠政策引来更多的地产商进行房地产开发。政府的业绩上来了，开发商的腰包鼓起来了，皆大欢喜。另外，银行也在这样的利益链条中，完成了大额的信贷指标，获取了丰厚的利息收入。这简直就是一个完美的组合。但是问题并非这么简单，因为民众的收入有限。政府可以不断地抬高土地拍卖价格，地产商可以不断地通过高地价进行抵押贷款，银行可以不断地催生出货币来，问题在于，这样的模式下，民众并非普遍富裕了，从本质上来讲，购买力是有限的。民众的生活幸福感并未上升，反而下降了。所以，不断上涨的房价和民众有限的收入（确切的说是资金的分配不均）造成了目前的房价奇高的现状。在这样的资金循环中，资金越发地集中在少数人手中，这也是不断出现“房叔”、“房姐”的原因。当然，诸多“房叔”、“房姐”的资金来源，相信读者也都心知肚明。

房价暴涨中政府负有不可推卸的责任。地方政府对于“经营城市”、“出售土地”的兴趣和冲动，为房地产与地方政府的结盟提供了可能。一些地方政府官员在土地征用、地皮出让、工程项目中的腐败行为，更成为这种联盟关系的粘合剂。

地方政府不能把经济发展的“宝”压在房地产市场上，否则，政府在立场和利益上，就会和房地产商趋同化，和老百姓相背离。任何商人都是唯利是图的，关键是政府如果在趋利中与其成为“合伙人”，对社会的危害是很大的，因为政府有很多的资源和手段发挥作用。政府本来是提供公共服务的，如果偏离了此角色，危害极大。

从买房者角度讲，已经买到房子的群体希望房价上涨，未买到房子的群体希望房价下跌。未买到房子的，我们在这里称为未得利益者，这样的群体是大多数。如果这个群体的利益长期得不到关照，那么会产生诸多社会问题。作为中央政府，自然将社会的整体协调发展作为目标，但地方政府的游说，往往会使得中央的调控政策虎头蛇尾。其实，当房地产和政治联系在一起的时候，纯粹从市场经济理论出发，是看不清问题的。也正是由于有了不同群体之间的利益博弈，房价在飙涨的时候，社会中会出现很多的不满声音，而在房价下跌时，也才会出现很多所谓“抄底”之声，甚至经济“硬着陆”等维护既得利益的言论。

我国房地产，既承受着政府的调控的压力，又享受着政府大力推进城镇化建设的眷顾，可以说，是一个矛盾的综合体。仅仅通过政策层面，是看不清未来房地产市场走势的。这让我们明白了，房地产市场背后牵涉的利益层面太宽，政府当然不愿意看到房价真的大幅下跌。大幅下跌对我们社会有什么好处呢？不断高呼房地产泡沫的专家们，更多的是想当然地将欧美抑或日本的房地产市场情况移植到中国来。房地产市场对于中国而言，不能大幅下跌，而我们应该做的，是想方设法增加民众的收入，扭转房价与民众消费水平之间过于夸张的比例。同时，增加保障房建设，提供廉价的房源，以满足真正需要购房人的需求。所以，对于中国房价来说，不能一味地想着何时下跌，而房地产问题的根本解决，不仅仅在于经济结构转型、房价调控上，还在于收入分配的合理以及民众收入普遍的大幅提高。

土地财政是推高我国房价的直接原因。这个可以直接稀释政府债务，拉高GDP数据，提高政绩工程的香饽饽，也是城镇化进程的助推手。政府通过低价买进、高价卖出的手段直接获取土地收益，是土地财政的初级形态；政府依靠土地资源、借助投资公司进行融资，则是土地财政的高级形态。这些公司并不从事城市建设活动，它们是地方政府用以融资的金融工具。而它们用于融资的主要资源就是土地储备。

这种高级土地财政游戏若要维持下去，依赖于两个条件：第一，房屋价格持续上涨，从而为土地价值提供保障。第二，政府不断扩大圈地规模，以保持自有资源的一定规模，只有这样，银行才相信风险可以被控制。因此，土地财政驱动政府会不断进行土地储备，且规模越来越大。为了保持资产的价值，这些公司仍会不断储备土地。这是一个不能停止的游戏。换言之，土地财政驱动中国的城市化走上了最粗放的空间扩展之路。

土地财政推动的城市化过程也扩大了社会内部的贫富分化。城市在空间上高速扩张的基础是政府利用手中的权力，以低廉价格进行大规模拆迁或者征收农民土地。由此，土地增值的收益首先落入政府手中。政府控股的那些城市投资公司的资本金就来自于这些土地收益，而这些收益本来应当属于城市房屋原来的所有者或者土地。因此，土地储备过程是一次财富的大规模转移过程，社会中低收入人群本来可以获得的收益被剥夺了。

更进一步，为了保持城市在空间上不断扩张的趋势，政府倾向于通过各种手段人为地推动房价持续上涨。房价持续上涨的过程，当然也是不同人群的收入差距持续拉大的过程。在当今城市，房屋恐怕是贫富差距的主要制造因素。房价上涨越快，城市内部贫富差距以及城市居民与乡村居民的财富差距也就越大。

过去二十多年中国城市化过程，只能说是城市建筑物的快速构筑过程，而根本不存在一个相应的城市社会秩序、精神秩序建设过程。甚至可以说，快速的城市扩张瓦解了原有的城市社会秩序和精神秩序，又让新的秩序根本无从生长、发育，现在的城市完全处于社会秩序与精神秩序的真空状态。这是人们普遍陷入焦虑状态的根源。

对于相应的土地财政政策、官商利益一体化等发展模式，必须变革。目前来看，触动利益较之触动灵魂更为艰难。房地产行业目前所涉及的利益之大，是我们无法想象的。在这个领域期望实现改革突破，无异于虎口拔牙。利益未触动，自身的灵魂或许已经被收买，如何继续改革呢？一个社会的运营，要有利益相关方的监督，否则，沆瀣一气，改革只能流于口号而非实际行动。腐败不治，该行业难有作为。

日本地产泡沫的破灭

20世纪80年代后期，日本经济摆脱了“石油危机”的影响后，开始快速回升，生产和需求十分旺盛，出现了历史上少有的繁荣期。在这个时期，日本出现了大量的剩余资金。日本中央银行为了刺激经济的持续发展，采取了非常宽松的金融政策，但这些资金没有合适的投资项目，结果基本上都流入房地产以及股票市场，致使房地产价格暴涨。

日本的“十年之痛”肇始于1985年，这一年是代表日元大幅度升值的《广场协议》的签署年。从这时开始，到1991年为止，日本国内6大城市的商业地价短短6年间上升了3倍多，泡沫达至最大。此后泡沫迅速破裂，日本全国大部分城市的房地产价格持续下跌，造成银行大量不良资产。

泡沫破裂的直接后果是引起了严重的财政危机，重创了日本经济。此后，日本进入长期萧条期，10多年来经济增长始终徘徊在衰退与复苏的停滞状态之中。难怪人们后来常称这次房地产泡沫是"'二战'后日本的又一次战败"。

日本房地产泡沫最初表现为地价的上升。其过程是，从用途上讲由商业用地到住宅用地，再到其他用地；从地域上讲，先是东京都中心，而后扩展到东京都圈，进而扩展到大城市圈，最后是中小城市圈。这样一个波及过程经历了较长的时间，首先是地价的膨胀，其次是地价趋于稳定，最后是地价的急速下降。

如继1985年东京商业用地地价迅速上涨以后，1986~1987年东京的住宅地价格也开始迅速上升，同时波及东京都圈的商业地、住宅地。东京以外的地区，1987年大阪、名古屋的地价，1999年其他中小城市的地价都接踵而上。

进入1988年之后，东京都圈的地价首先开始走向平稳。随后1990年大阪地区的地价也趋于平稳。而到1991年则日本全国开始了大暴跌。到1993年，日本房地产业全面崩溃，企业纷纷倒闭，遗留下来的坏账高达6000亿美元。

引起日本房地产泡沫生成的原因当然是多方面的。首先是1985年9月，美国、联邦德国、日本、法国、英国五国财长签订了《广场协议》，决定同意美元贬值。美元贬值后，大量国际资本进入日本的房地产业，大大刺激了房价的上涨。其次，当时的日本政府为刺激经济的发展，日本中央银行采取了非常宽松的金融政策，鼓励资金流入房地产以及股票市场，受房价骤涨的诱惑，许多日本人纷纷拿出积蓄进行房地产的投机，致使房地产价格暴涨。1990年9月，日本地价达到最高点，到了十分荒唐的程度。当时，国土面积相当于美国加利福尼亚州的日本，其地价市值总额竟相当于整个美国地价总额的4倍。仅东京都的地价就相当于美国全国的总地价。一般工薪阶层即使花费毕生储蓄也无力在大城市买下一套住宅，能买得起住宅的只有亿万富翁和极少数大公司的高管。

所有泡沫总有破灭的时候，1991年后，随着国际资本获利后撤离，很大程度上由外来资本推动的日本房地产泡沫迅速破灭。

第8章 贫富差距的根源

Urgent Reform

收入差距的存在，是市场经济环境下的必然现象。但是，分配的不公，则是对市场经济下公平竞争本质的亵渎。利益集团的存在，不仅与社会的大发展背道而驰，也进一步依靠不平等的特权，向政治领域渗透，从而形成恶性循环，与民众的利益相悖，成为社会健康发展的巨大阻力。

一、贫富差距的现状

提到贫富差距，就会涉及一个衡量贫富差距的指标，这个指标国际通用，即为基尼系数（Gini Coefficient）。基尼系数为定量测定收入分配差异程度的指标，其值在0和1之间，越接近0就越表明收入分配趋向平等，反之，收入分配趋向不平等。按照国际一般标准，一个社会的基尼系数值小于0.2，为收入分配绝对平均；0.2～0.3为收入分配比较平均；0.3～0.4为较为合理；0.4～0.5为差距较大；大于0.5为差距悬殊。基尼系数超过0.4就进入了贫富或收入差距拉大的警戒区。

国家统计局2014年1月份发布了自2003年以来我国居民收入基尼系数，2003年是0.479，2004年是0.473，2005年0.485，2006年0.487，2007年0.484，2008年0.491。然后逐步回落，2009年0.490，2010年0.481，2011年0.477，2012年0.474，2013年0.473。数据表明，这10年来我国的基尼系数一直处于0.44的全球平均水平之上，2008年甚至达到0.491的高位，近几年虽然有所回落，但2013年的基尼系数仍在0.473。

针对国家统计局披露的近10年来的基尼系数，一些著名的经济学家均认为其涉嫌造假。但即使这样，官方公布的数据也位列国际标准的警戒区中。来自西南财经大学中国家庭金融调研与研究中心的报告称，2010年中国家庭收入的基尼系数为0.61，这与官方发布的数据0.481差距甚大，一时引起舆论大哗。

其实我们大可不必纠缠在这些表面的数据上，就2012年来说，无论是官方的0.474，还是学界的0.61，都反映出一个事实，中国贫富差距已经远超国际公认的警戒线！

0.474的基尼系数究竟能比0.61的基尼系数“漂亮”到哪里呢？现在已经不是五十步笑百步的时候，而是承认并直面现实，解决问题的紧要关头。贫富问题，不仅仅关乎民众的生活水平，还关系到整个社会的健康与稳定。如果任由我国贫富现状的拉大，很多社会问题都会凸显并恶化，包括增长乏力的国内消费，会直接导致我们的经济不能健康持续发展；还包括住房、医疗等与民生相关的问题会实现恶性“共振”，加剧社会矛盾，进而损害政治民主和社会公平正义，危害社会的和谐与稳定。

居民收入差距扩大、贫富分化现象已造成社会心态的日益失衡，成为中国社会向前发展必须攻克的一道难关。在这样的背景之下，千呼万唤的收入分配改革，“犹抱琵琶半遮面”地出现在了很多重要经济论坛以及政府的工作报告和相关政策中。这似乎给解决中国的贫富分化和收入差距投下了一缕曙光。不过，对于收入分配改革而言，并非振臂一呼那么简单，言行之间是荆棘遍布的漫漫长路。

二、收入分配亟待熨平

每当看到我国的国民生产总值增长率领先世界其他各国的同时，笔者内心便总是杂糅着一种很复杂的心情，亦喜亦悲。遥想改革开放初期，我们终结了以阶级斗争为纲的路线，改走以经济建设为总路线的康庄大道，那时的人们，可曾想到自己国家的经济会如此迅猛发展？三十多年了，我们从一个混乱的、贫穷的、千疮百孔的濒危国度，逐渐融入世界民族之林，甚至在某些领域，还成为世界第一。一些人富起来了，政策的春风，首先让一些人身上，开出了令人艳羡的“花朵”，结出了令人惊叹的“果实”。然而，同样是这三十多年，除去其他领域的问题不说，我们的民众生活水平，差距在不断拉大，而由此滋生的仇富情绪不断蔓延。是这三十多年来的大发展造富了一方，也同样是这三十多年，无情或者无奈地抛下了另外一方。这三十多年的大发展，仿似一柄冷酷的钢刀，一刀下去，切割出了两个不同的世界。

笔者还能忆起著名经济学家郎咸平在清华大学演讲时的犀利观点，他的大意是：可以让一部分人先富起来，从而带动另一部分人跟着富起来。但是，不能由于一部分人的先富而导致了另一部分人变得更加贫穷！

穷乡僻壤的孩子们（图片来源：中国新闻网）

说到这里，我们需要认真考虑一下，究竟是什么原因导致了我们当前如此的贫富现状？究竟应当怎么看待改革开放以来的这三十多年？当然，改革开放带来的翻天覆地的变化是有目共睹的，不过我们更需要在肯定中国宏观总量突飞猛进的基础上，深入到内部肌理找寻问题的真正原因，否则问题积重难返，最终受伤害的还是善良的民众。

客观地讲，在评判我国三十多年来的功过时，应当通过横向和纵向两个维度进行考量，单一的维度显然有失公允。所以，我们不仅要用当前的经济同我国三十年以前的状态进行对比，更要与世界各国进行同一时期的横向比较。

纵向而言，我们和三十年前相比，变化太大。但是，世界上的很多国家，与自己的三十年前相比，也都在变化、进步和发展。我们必须看到这一点，而不能对一些成绩沾沾自喜。在经济发展，内部结构调整、民众生活水平提升等方面，还有很多国家做得比我们好，甚至好得多！这一横向比较，反映出我们的问题所在。只有我们能够虚心地看到这一点，我们才能认真地审视自己，勇敢地迈出改革的步伐。

和普罗大众密切相关的收入分配问题，是我们首先必须关注的。这里必须明确分配的两个阶段，即初次分配和再分配。按照我们的一贯说法，初次分配重在效率，再分配重在公平。但是，这种思维一旦教条化，结果将会与我们的初衷相去甚远，而实际情况则成了：初次分配差距不断扩大，再分配效果不断减弱，甚至还加大了这种本身不公的态势。

如果没有看到这个核心问题，只做事后微小的纠偏，那么无疑，就相当于对分配不均问题的容忍和默许。也就是说，我们在进行再分配收入来调节分配不均时，更应当明白，我们的初次分配不均衡，究竟是市场化带来的必然结果，还是因为不够市场化而产生的收入分配扭曲现象。如果初次收入分配存在着严重的不合理，那么，该种分配模式其实是对收入分配不公的变相保护。

政府在收入再分配上的功能主要是通过税收和转移支付这两条途径来实现。税收的主要对象是高收入群体，转移支付的主要对象是低收入群体。政府通过这两个手段进行的收入再分配，发挥的是缩小收入差距的功能，通俗地说，起到的是“抽肥补瘦”的作用。我们必须防止和纠正曾经出现过的“逆向再分配”（即“抽瘦补肥”）现象。例如，个人所得税制度本来是一种“抽肥补瘦”的税制，但是多年来我国中低收入工薪阶层却成了个人所得税纳税主体，税法不严使一些富豪逃避交纳个税，个人所得税由“抽肥补瘦”变成了劫贫帮富。中国财政资源进行的二次分配中，社保、教育、医疗等福利均严重向户籍人口、体制内人员倾斜。二次分配本该减弱一次分配差距，但中国的二次分配不但软弱无力，甚至反而强化了资源分配的不平等。

在收入分配制度中，初次分配是分配的主体，再分配是分制度的辅助部分。无论从国外的事实或者从国内的现状看，初次分配都是人们利益关系的根本，它占居民收入的80%～90%，再分配只占居民收入的10%～20%，即使在福利国家的分配中，再分配充其量也超不过30%。我国与这个30%的数字相去甚远！所以初次分配一旦形成了巨大收入差距，再分配是很难矫正的。源头的不公，会产生不同利益体的分化，并使得一定的利益团体在这样的分配过程中不断固化。正因为此，再分配则显得隔靴搔痒，形式大于内容。而在权贵阶层的干预和阻碍下，再分配甚至遍布寻租，进一步加大了贫富差距。

从20世纪90年代以来，我国改变收入分配差异的重点一直在再分配上。中央政府进行分税制为主体的税制改革，西部大开发、振兴东北老工业基地、中部崛起和建设社会主义新农村，都可以说是这一政策的体现。

这一政策也体现在诸如扶贫和建立社会低保等举措上。没有人否认再分配的重要性，但光靠再分配是不能解决收入差距过大问题的。我国许多分配不公问题都产生于初次分配领域，诸如企业分配中资本所得偏高，劳动所得偏低；高管人员所得偏高，一般雇员所得偏低；垄断行业所得偏高，一般行业所得偏低；农民工所得大大低于城市人员所得等等。究其原因，主要是初次分配制度没有法制上的保障。我国尽管有最低工资制度，但法律上名存实亡。譬如农民工工资被拖欠，已经成为久治不愈的顽疾；譬如在许多省份都存在着“最低工资标准”得不到落实，致使工资比“最低”还低的普遍现象。并且最低工资制度大多数情况下只向对城市居民，绝大多数农民工是无法享受到这样的待遇的。尽管中央政府三令五申地呼吁要保护农民工的权益，但在各级政府和资本利益者结合一体的情况下，法律和政策往往显得苍白无力。

诚然，各个劳动者的劳动能力是不同的，他们为社会所提供的劳动数量和质量也是不同的，以同一尺度进行分配，有的人分得多一些，有的人则分得少一些。在科技迅猛发展的今天，从事复杂劳动的人与从事简单劳动的人收入也会呈不断扩大的趋势。劳动者彼此之间的差异，是分配不均的开始。既然要把劳动这一尺度应用在不同的劳动者身上，就必然默认不同等的个人天赋，出现事实上的分配不均实为必然。但是，这绝不意味着，效率可以凌驾于公平之上，成为衡量社会进步的唯一尺标。

可以这样说，只有公平，才有效率。所以，从目前我国收入分配不均的既成事实而言，正确地处理、兼顾社会效率和公平问题的方针政策无可厚非。不过，公平和效率其实并不是两个相对的概念，而是互为因果。只有公平，才能有效率的保证。这样的效率，是社会发展的真正效率，而绝不是畸形的经济增长般的伪效率。因为，伪效率越高，社会在未来则需要支付更多的成本来填平由此所带来的“沟壑”。

当我们讨论了初次收入分配和再分配后，其实还应当认识一个更加深入的问题，笔者索性将其称为第三次分配。而这第三次分配，进一步加速了社会的贫富差距。所谓第三次分配，即是在已有的收入分配不公的基础上，通过寻租、垄断、强占等方式进行的财富转移。这才是我们应当摒弃并亟待改变的现状。如官商的一体化，使得行政权力渗透到商业领域，通过权力而在商业领域捞取巨额利润；再如被强占的土地资源，被强拆的简陋家园，在这悲凉的另一面，一栋栋高楼拔地而起，同时伴随着大幅度的财富转移。

三、贫富差距过大的深层原因

如上文所提到的，适度的收入差距在尊重知识、尊重人才、尊重创造层面而言，是合理的。但是，收入差距过大会损害经济的持续增长，使收入不平等与经济增长呈反向相关，从而最终带来难以消除的社会毒瘤——利益集团。

利益集团的存在，不仅与社会的大发展背道而驰，也进一步依靠不平等的特权，向政治领域渗透，从而形成恶性循环，与民众的利益相悖，成为社会健康发展的巨大阻力。看看拥挤的城市，再看看荒远的村庄，截然宛如两个世界。有的人食不果腹，有的人却享受着天价薪酬。而我们却正是要在这样的两个世界的基础上，企图实现偏执的利益最大化。

收入差距的存在，是市场经济环境下的必然现象。但是，分配的不公，则是对市场经济下公平竞争本质的亵渎。当我们真正地在几十年的发展过程中，体悟到计划经济与市场经济孰优孰劣后，经济发展的市场化路径，已经得到了大众的普遍赞同。不过，事情远远没有那么简单。就目前的中国而言，很多问题只要市场化就行吗？答案其实很明显，而这个答案就涉及我国当前收入分配不公的本质原因。

第一，利用行政权力进行“权钱交易”。

自改革开放以后，政府一直积极推进经济体制的转轨，市场机制的调节作用越来越重要，但计划经济的惯性仍然存在，市场配置资源的功能仍不完备，政府在资源配置中仍起着举足轻重的作用。一些拥有行政权力的政府官员，并没把自己作为市场经济的服务者，而是作为管理者，利用手中的权力，向企业寻取租金，提供不公平的竞争环境。他们还同时想方设法阻碍政府体制的深化改革，努力维持对经济行为的行政干预，不断寻找制度的空子获得大量的非法收入。如20世纪80年代中期利用“双轨”价差牟利，90年代要素市场化中的“寻租”，近年来土地批租转让、国有资产的划拨与交易、各种许可证的发放、稀缺资源的调配、上市指标和各种投资项目的审批等腐败现象。“权钱交易”成为部分政府官员收入的重要来源。

“权钱交易”的腐败行为的存在，造成了收入分配制度的严重不平等，人们付出同样的工作量，因为占据比较重要的部门，拥有行政权力，就比其他人的实际收入高出很多，这会造成人们心理失衡。人们都会争取进入行政权力大的部门，一旦进入就会想方设法使用权力，获得大量非正常收入。

针对各种寻租行为和腐败现象对收入分配制度的冲击，政府只有通过自身的体制改革，加强政府职能转变，从配置资源的各个领域退出，才可能从根本上避免行政权力转化为不平等收入，完善收入分配制度。具体来说，政府需要做好三件事情：一是要建设服务型政府，健全政府职责体系，强化社会管理和公共服务，减少和规范行政审批，减少政府对微观经济运行的干预。二是要建立健全各项法律法规，规范行政行为，提高腐败及其他非法行为的成本，阻截寻租行为的发生，防止“权钱交易”的非法收入逍遥法外，维护正常的分配秩序。三是要深入持久地开展反腐败斗争，不断加强反腐倡廉工作的力度。努力营造一个腐败者耻、廉洁者荣的社会环境，建设一个行为规范、公正透明、勤政高效、清正廉洁的政府，建设一个人民群众满意的政府。

顺着这个形势，继续打破余下的垄断行业，如铁路、电力、石油，而这正是目前收入分配改革的内容之一。由行政权力导致的垄断收入、灰色收入、非法收入正是如今收入分配失衡的原因。

所以，不管是提高央企上交比例、抑制行业分配不公，还是严控国企高管薪酬；不管是推行工资集体协商，还是保障被派遣劳动者的同工同酬权利，这些目标在当下中国，依靠自上而下的权力，不但已无力深入基层权力的层层幔帐，而且，在今天的权力异化现状下，“看得见的手”反而会导致相反效果。

第二，依靠行政垄断获得垄断利润。

在经济体制转轨过程中，政府逐步放开很多领域的经营权，促进市场竞争，但在某些行业政府的行政垄断仍然严重干扰甚至限制市场的作用，造成许多不平等竞争现象。电信、电力、铁路运输、自来水等行业，政府控制着大量资源，进入门槛很高，通过行政力量进行垄断经营。这无论是在生产上，还是在分配上，都有其内在的缺陷。一方面，垄断意味着低效率。与竞争性厂商相比，垄断厂商的价格过高、产量过低，于是消费者花费了更多的收入却只能购买到更少的商品，整个社会的福利无疑受到了损害。此外，垄断厂商生产的成本也较高，不像竞争性厂商那样位于平均成本曲线的最低点。另一方面，垄断又意味着不公平。垄断厂商凭借其垄断的地位，通过限制其他厂商“进入”同一行业，限制了其他厂商的竞争，从而获得巨额的垄断利润。

行政垄断的存在，造成了收入分配的严重不平等，这些行业中的员工，不用担心企业的亏损，无论工作的努力程度如何，都可以享受垄断利润，获得高于全国平均水平的收入。而市场中的其他企业无论付出多大努力，都只能获得市场竞争后的正常利润，员工也只能得到正常水平的收入。在这里，员工收入的多少不在于其贡献的大小，而在于其是否处于垄断行业。

消除行政垄断，避免垄断利润转化为不平等收入。针对行政垄断带来的收入分配不公，政府只有不断消除对非自然垄断性行业的行政垄断，引入竞争，积极推进市场化进程，才可以消除垄断利润，使所有人处在相同的收入分配起点，完善收入分配制度。由于目前存在行政垄断的行业都是一些关系国计民生的重要行业，涉及的企业、员工众多，因此改革要循序渐进，一下拿走超额收益会受到既得利益者的反抗。具体来说，政府要做好以下三件事：一是加强垄断企业的股份制改造，建立健全法人治理结构，通过企业内部机制规范收入分配行为。二是制定消除垄断引入竞争的法规，监督和约束企业行为，确保良好的外部竞争环境。三是加强对特殊行业的监督，审计企业利润，规范员工收入，完善企业所得税和个人所得税的征收。

导致初次分配与市场经济规律相脱节的一个重要原因就是行政权力庇护下的行业垄断。从企业管理角度来看，国企内部高管薪酬、高职务消费，属于企业治理不善的表现。较大的外部竞争压力会促使企业内部的治理改善，从这个意义上看，解除行政垄断因素，让各种成分资本公平竞争，形成外部压力是解决这一问题的根本途径。

反观中国移动行业30年的发展与变迁，正是走过这样的一条道路：拆分建立相互竞争的权力，抵消掉垄断性。这种釜底抽薪的方式显然比撇油式的上缴利润更彻底，但同时，也更艰难。即使如朱镕基般“铁腕”，也仍然是借助权力的对立和竞争来达到降低垄断价格、消解垄断利润的目的。这种需要相当强大政治权势的突变式的拆分也许再不可得，但在法律保护下步步为营的释放民资权利，达成市场竞争，消除垄断的方式在今天却有更大的现实基础。

第二，机会不平等是分配不公的首要标志。

机会不均等，是当前我国贫富差距拉大的一个明显的表现。比如就业难，这是我们目前经济情况下，劳动力市场上一个尽人皆知的现象。但是，一些人总是不用为此而担心，即便是能力相去甚远，也能一路绿灯。所谓的“官二代”、“富二代”就是这样一批人，一个被我们冠以特殊名称的群体。在他们的世界里，根本没有普罗大众所面对的人生酸甜苦辣，而可以通过金钱、通过权力，夺取本属于别人的机会。这些“官二代”、“富二代”往往还身居要职，享受着不断向自己倾斜的“机会”和资源。

所谓机会平等，即指通过某些相对公平的规则和制度，给予每个人平等的机会，让每个人都能凭借自身的能力和努力，取得相应的成就。机会平等的本质要求是，克服明显人为的制度歧视和区别对待，让才能和努力成为决定一个人前程和收入的最主要因素。机会平等虽然不一定必然导致分配结果的公平，但是没有机会平等必定没有分配结果的公平。

在中国社会，收入的不平等多源于机会的不平等，结果的不平等多源于起点的不平等。一个社会公平与否，很大程度上取决于资源的配置。如果资源配置不合理，就无法实现社会公平。现阶段我国政府在很多方面的工作还不到位，人们在教育、医疗、社会保障、融资等方面都存在着严重的机会不均等。以就业为例，现阶段我国城乡分割的户籍制度使大量农民不能像城市居民一样选择工作，只能从事那些“脏、累、苦、险”的工作，而收入水平却比城市居民少得多。

在中国，企业高管职位本身就是一笔财富，高管可以利用此身份获得更广泛、更多的利益。根据2012年12月19日《今日早报》的报道，在2012年12月12日招商银行官网一份可下载区的名单中，400多名应聘者中，有45人后面都备注着“某某行长亲戚关系、某领导关系、客户关系”等。高管利用自己的身份，轻而易举地让自己亲属进入垄断高薪行业，这也是一笔不小的长期收入。如果没有高管这层关系，亲属就可能长期失业或在低收入企业工作。

人力资源和社会保障部发布的2011年《中国薪酬发展报告》显示，我国部分行业工资过高导致拉大收入差距，尤其是部分企业高管收入增长偏快，水平过高。“十一五”期间，公司高管人员年薪水平继续保持较快的增长速度，上市公司高管年薪平均值由2005年的29.1万元增加到2010年的66.8万元，平均每年递增18.1%。部分行业企业高管年薪已经上千万元，2007年时平安公司总经理年薪即为6616万元，是当年全国企业在岗职工平均工资的2751倍，相当于农民工平均工资的4553倍。根据全国总工会2010年的一项调查，有两成企业职工5年间从未涨过工资。一边是高管拿着天价薪酬，一边是职工可怜的一两千元的工资5年不涨。这让将一生积蓄用来购买自己一个可以安身立命之地的人们，情何以堪呢？

公平的环境，是一个社会正常发展的温床，没有公平，一切都会扭曲，再美好的蓝图也是枉然。没有公平作为前提，快速、健康的发展都是不可能的。这就如同我们高速的经济增长，看似高效率，实则不然。没有公平的效率，我们可将其称为“伪效率”，因为最终还是要通过更高的成本去弥补由此带来的创伤，而且整治和愈合的时间将会更长。

四、盘根错节的土地问题

几千年以来，土地都与整个社会的经济状况紧密相连。这个利益核心处理的公平与否，直接关乎社会的和谐以及民众财富的变化。就目前而言，我们的贫富差距，很大一部分程度上，和我们亟待改变的土地制度有着千丝万缕的联系。

土地改革关乎国运，一旦有风吹草动，便备受“镁光灯”聚焦，占据各大媒体之头条。人们普遍对土地改革充满期待，敏锐的资本市场，更是紧扣其脉动，只要是沾上“土改”概念的上市公司，其股价就会上演一波壮丽的上升行情。然而，土地所牵扯的利益盘根错节，牵一发而动全身。利益越大越集中，改革的阻力必将越大。土地改革，这个与大众息息相关的改革议题，被多次提及，将是决定我国未来经济发展以及社会稳定的重中之重。

1962年的《人民公社条例》和1982年的《中华人民共和国宪法》，消灭了城乡之间一切的私有土地。前者把农村宅基地和自留地收归集体所有，后者把城市私宅之下的土地收归国有。两种土地，权利不同，价格不同。城镇的国有土地可经招拍挂程序自由流转，也可抵押；集体土地若想流转为非农用地，却只有国有化一途。不过这个唯一的途径，成为引发不稳定因素的导火索。

这个日显僵化的土地制度，在改革开放以来，随着我国经济的发展以及城市化进程，受到了越来越强的冲击。在城市国有土地越来越难以满足经济发展需要的现实情况下，各种“地下”流转在强大利益驱动下层出不穷，诸如被默认的“农村厂房”、屡禁不止的“小产权房”；中央和地方政府也在现行制度框架内进行着包括“增减挂钩”在内的各种试点，以期寻找改革的突破口。

2004年10月21日，国务院发布《关于深化改革严格土地管理的决定》，提出“鼓励农村建设用地整理，城镇建设用地增加要与农村建设用地减少相挂钩”。这一规定简称“增减挂钩”。具体是指，依据土地利用总体规划，如果农村建设用地地块被整理复垦为耕地（即拆旧区），城镇可对应增加相应面积的建设用地（即建新区），最终实现项目区内建设用地总量不增加，耕地面积不减少、质量不降低，用地布局更合理。

增减挂钩政策在首批五个省市（四川、山东、江苏、湖北、天津）试点实施之后，国土资源部于2008年6月颁布了《城乡建设用地增加挂钩管理办法》，2009年国土资源部又分别批准了19个省、市、自治区（辽宁、吉林、重庆、陕西、黑龙江、甘肃、河南、湖南、贵州、宁夏、广西、广东、海南、云南、福建、浙江、安徽、江西、内蒙古）加入增减挂钩试点。然而，在此政策推行过程中，存在着为追求增加城镇建设用地指标而以各种名义开展土地置换、突破挂钩周转指标与挂钩范围，乃至盲目大拆大建、强迫农民上楼等现象。

增减挂钩政策并没有触及现行土地产权制度的根本问题，未能清楚界定各级政府、村集体以及农户之间在农村集体建设用地上的权利边界，因此仍然没有突破城乡二元土地制度的基本框架。打破这一固有框架，必须进行全面而深入的产权制度改革。这就无疑涉及所谓的土地农村集体所有。

土地问题的由来

农村的集体所有制其实并不同我们想象中那般松散，实际上依然受国家的全面控制。过去通过产品统购统销、隔绝城乡人口流动等，国家实际上成为集体所有制的控制者。

说到集体所有制，我们要先回到20世纪50年代的土改时期。关于50年代的土改，首先是明确废止了古老的地契，而采取了颁发土地所有权证书的办法。对之前的地契，一律不予承认；其次则是土改不翻案。

农民也正是在这样的情况下，有了自己的土地，翻身做了主人。然而随着国家工业化目标的提出和“上纲上线”，这一个土地被农民平分完毕的小农经济与雄心勃勃的国家工业化目标之间的矛盾在不断加深。

一般而言，工业化的资本积累，主要源于本国的农业剩余。当时中国农村的土地地租，却随着土改而被全体农村人口平分了，除了农业税以外，更多的农产品都留在农民自己手中，成为他们私人的消费和投资。1953年开始，农民惜售粮食和农产品，导致国家收购农产品困难。

正因为如此，到了50年代后半期，又一次土地制度上的重大改革开始了，就是所谓的人民公社化。公社化的主要特征是将农民私有的财产集体化。一开始，这个集体化，仅限于生产资料，比如规定每家每户的粮食和棉花生产指标，关闭集市贸易等。后来，集体化进一步消灭了残缺的农民私有权。互助组运动联合了农民的生产活动，初级社归并了农民的主要财产，高级社消灭了土地和牲畜的分红，人民公社则在更大范围内推行公有化。至此，国家拆除了农村社会的所有权藩篱，全面进入乡村。

1962年，随着《农村人民公社工作条例修正草案》的颁行，属于生活资料的农村宅基地，也正式纳入了集体所有的框架，从那一刻开始，农村宅基地便不再属于个人私产，而被视为村集体对农民的福利分配，村民只享有使用权，而无权买卖和处置。当时的基本原则是，凡是归生产队所有比较有利的，都归生产队所有。但即使当时的生产队，也无权处置集体土地。这个制度一直被延续下来，成为我国目前土地管理法的核心制度之一：农村土地无人可以处置。

土改，废止了地契。而公社化，废止了农村的土地所有权证，只承认农民对宅基地的使用权。

或许读者会问，农民缘何会接受土地集体化的号召呢？之所以农民会接受这种改变，一个主要原因在于土地是通过政治运动分来的。这就是国家造出集体所有制的产权基础。

丈量土地

中华文明的传统是在家庭内部的土地“诸子平分”，这是传统带来的麻烦，小家庭内部诸子平分，导致谁也不愿意离开故土，谁走了谁吃亏。这是一条小农经济的路。集体所有制是雪上加霜，在小家庭内平分的传统上，再引入苏联的村社制，要点是随人口变动不断重新分配土地。

在农村很多地方，生一个孩子，就要改变现有的承包关系，给这个孩子分一块承包地；死了一位老人，承包地也要相应收回，也就是“生增死减”。今天通过流转拿下来的耕地，明天可能就会因为一个或一批新生儿而改变。

有限的土地在庞大的人口中不断细分，新中国成立后增长的好几亿农民全部被禁锢在土地上。这实际上是农村贫困的根源。农民被束缚在一个具体的框框里，不能流动，也就跟工业化、城市化，跟现代文明没有多大关系了。

1978年，我们迎来了久违的改革春天，其中包括土地政策的重大变革。我们开始推翻“人民公社”体制，“联产承包制”的土地政策克服了平均主义，为农村经济带来了一定的活力。“联产承包制”其实质是中国农民重新获得了曾经被集体化的土地，部分地取得了生产和分配的自主权。

但是，中国农村改革发展的两个根本问题尚未解决，一是土地制度问题，按照现行的“联产承包制”，农村土地归国有，而农民拥有土地使用权，不拥有土地产权，也就是说，土地不能成为农民手中可以流转的资产和生产要素；二是城乡二元经济结构体制问题，即以城乡二元户籍制度为中心的体制问题，而解决户籍制度难题，真正的障碍并不在户籍制度本身，而是户籍制度所附着的福利制度，也就是说，农民不享有与“城里人”同等的劳动保险、医疗保障等社会福利。

三十多年前，小岗村农民冒着坐牢的危险冲破枷锁，促成了包产到户的农业大发展，使农民基本上脱贫；三十多年后，家庭制的承包到户的农业生产，已落后于形势发展，造成农民虽有小块土地使用权，但不能自由变卖、出租、抵押。农业的发展远远滞后于工商业，农村的发展落后于城市，农民收入增幅落后于城镇居民。“三农”问题依然严重。中国13亿人口当中，农民占9亿，超过2/3。“土地流转问题”将是“还地权于农民”的重大举措，必将成为“三农”改革的重大突破口。

中国缺少尊重财产权、重视财产登记的行政传统，事实上厘清财产是政府除国防、治安之外最重要的工作。做财产登记，是让社会保持安宁和稳定最重要一环。我们就缺这一环，而且这些年来不断变迁，厘清的难度越来越大。

要改变目前土地的现状，必须在土地能够流转以及产生效益的前提下，做好土地确权工作。确权是基础，流转是核心，配套是关键。只有确权，才能致使土地能够顺畅且公平的流转。资源流转后给整个社会带来的效益会是惊人的，对于政府来说，单单税收这一块就是一笔巨大的财政收入。在流转的同时，建立土地交易场所，充分披露土地流转信息，通过市场行为发现土地价格，这样的配套服务，对于整个社会的运转都将带来积极的推动作用。

从逻辑上来讲，确权是基础和前提。没有经过认真确权的土地，产权是模糊的，一旦全面放开流转，必然引发新的侵权和攫取行为，容易造成新的分配不公。确权不是形式，而是一种关系的终结，它正在倒逼集体所有制那种不断以人分地关系的终结。

现实的阻力

其实，很多问题的根源并非难寻，而对问题的改变则过于艰辛。原因不外乎利益！一个固有制度的改变，是要重新进行利益权衡，人非圣贤，谁能与本已握有的利益过不去呢?

过去几年的土地改革试点实践下来，很多地方并不愿意推动确权，而是借增减挂钩和新农村建设之名，强迫农民“上楼”，从中攫取土地暴利。也就是说，地方政府不愿意确权给农民，反而自己享受了从土地流转中获得的利益。当下仍显混沌的改革状态，似乎变成了另一场对农民利益的掠夺!

这要追溯到1994年的那场财税改革。

1994年财税体制改革是一个复杂且浩大的工程，单从中央与地方的关系角度来说，1994年前，在政府财政总收入中，中央占比约为20%到30%，各地方政府与中央政府谈判，确定上缴数额。到1993年，中央政府的收入分成达到了22%的历史最低点。中央政府财政紧张，因此主导了1994年的财税制度改革。

改革后实施分税制，即国税与地税。这样改革之后，中央的收入因此占到了财政总收入的60%到70%。到了90年代后期时，受宏观环境的影响，经济不振甚至滑坡，地方政府却仍然要满足中央所要求的财政收入增长率。

地方财政的低收入承担着几乎所有的行政管理职能，甚至还要满足中央年年都要求的增长率。地方财政如何才能维持运转?答案就是:土地财政!至此，土地财政应运而生，地价、楼价正是在这样的背景下，被不断推高。这种冲动一经点燃就无法停止。为了有更多的地可卖，必须征更多的地。为了卖出更高的价，必然引入竞争机制:招标拍卖!

所以，土地的改革，前期必须经历一个利益重新分配的过程，而这个过程一旦协调不好，将会带来很多难以预料的后果，而且不仅仅局限在经济领域。

因为扭曲的经济结构，落后且过剩的产能，我们的改革注定是异常艰难，且是一个漫长的过程。因为淘汰落后产能，改变传统的经济发展模式，将会影响到很多企业的经营，甚至一大批企业行将倒闭，而由此造成的失业人员大军是一个十分棘手的问题，这又将考验我们的社会保障体系等配套服务。对于我们的土地改革，也存在类似的问题，地方政府、银行、地产开发商已经成为一个利益共同体，高价拿地的后果，便是巨额的负债。地方政府的债务也已不断创下新高。地方的财政收入来源以及归还业已累积的过高债务，都是目前土地改革必须直面的阻力所在。

而且，如果土地改革没有协调好相关利益方，没有做出具有建设性的制度改变，由此引发的社会矛盾将会越来越多、越来越变形，改革或许会受阻、停滞甚至倒退！正如著名财经作家吴晓波先生说的那样："任何改革都有一个'时间窗口'，在经济高速成长、社会共识达成的前提下，改革将得到突破，而如果错过了时机，变革竟可能成为社会动荡的诱因。当今的中国经济处在历史上最好的发展时期，特别是城市化运动行至半途，人口红利仍未吃尽，如果不抓住这一时机，坚决地推进改革，再拖延十余年，后果将不堪设想。"

改革不仅是个理念问题，也是利益格局的调整。当改革进入到"深水区"、攻坚战阶段的时候，任何新的动作都不可能再是偶然的和自动的，它需要更大的决心、智慧和勇气。中国当下形成了特殊利益集团，对此，社会精英的责任和民众的呼声至关重要，因为大家可以凝聚话语的力量，政治家的改革意愿和决心则是这个力量的函数。

我国经济发展行至半途，必须顺着这条改革大道勇往直前。改革正是符合经济规律的一个体现，任何阻力终将无法阻止其前进的方向。

五、国企改革的明天

在我国经济发展的过程中，国企的命运，呈现出了两个极端，其不同的命运成为我国经济变革历程中很好的注脚。

渐被遗忘的“角落”

国企，在一定程度上，在享受着政策、资源以及资金方面的支持。但是，这也仅仅是一个静态的优势，意即这样的优势会随着经济的发展与变化，受到一定程度的挑战。国企享受着先天优势的同时，还需要不断创新。昨日的优势，不见得就是明日的优势，很可能成为明日的负累。

昔日繁华的纺织厂，曾经承载着中国纺织工业的希望，倾注了几代纺织人的梦想与激情，却被淹没在改革的大潮中。笔者就以自己所在的省份为例：从20世纪50年代建厂至1988年，陕西省的纺织工业总产值占全省工业总产值的14.5%，是全省第一大行业和第一利税大户、创汇大户。同时，在几十年的发展中，逐步形成了以国棉三、四、五、六厂，西北一印等五座大型纺织印染企业为支柱，以西北电建四公司、纺织科研所等十余家大中型国有企业为主体的现代工业集群。西安的纺织城成为一个传统的工业城区，也是西北地区最大的纺织工业基地。随着改革开放，市场经济的到来，此类行业的国企在计划经济中占据的优势逐渐消退。纺织设备更新缓慢，管理制度落后及人员冗杂的沉疴，使得国有大厂改革的步伐跟不上时代的脚步。

进入20世纪90年代中期后，从纺织城纺织行业的设备状况看，整体拥有先进装备的比重已经落后于全国平均水平。

笔者也曾多次走进曾经被誉为“小香港”的纺织城各厂区。每每走进那空旷的厂房，我都略带感伤，一种怀旧般的情愫，涌上心头。那陈旧的设备、那斑驳的瓦墙，都与纺织城昔日的辉煌形成了强烈的比照。而与厂区相邻的由苏联援建的老式住宅群，依旧青砖红瓦。同样美丽，同样忧伤！

纺织女工

给我印象最深的，便是那凋敝厂区里斑驳的墙壁上用粉笔写出的两个隽秀的字：爱情！在破旧的厂房映衬下，这两个字让我感到了异常的真挚。恍然间，仿佛那些曾经美丽的纺织女工，嬉笑着从泛黄的过往中走来。那爽朗的笑声里，那纯真的面容中，激荡着多少动人的故事。而今，都深藏在了她们历经岁月河流“冲刷”出的深深皱纹间。还清晰地记得，90年代末的那场史无前例的职工下岗潮，纺织城的主要路段，皆被下岗工人拦截，阻塞了交通。她们在路中间一字排开，手里还不忘自己的针织，仿佛在编织着自己的愤懑、亦在编织着自己对未来的希望。每每想到当时的情境，心头都涌起阵阵莫名的惆怅！

纺织厂，承载了多少人的梦想，却终将随着经济浪潮，离我们远去，进入到那个渐渐被遗忘的角落。而我们对经济改革的执著探索，却一刻也不得停歇。改革，是美好愿望的实践，同时也充满了种种风险，其带来希望，也会影响几代人的命运。

国企改革的真正“对手”

2013年7月16日，财富中文网发布了2013年度中国企业500强排行榜单。该排行榜覆盖范围包括在中国境内外上市的所有中国公司，所依据数据为上市公司在各证券交易所正式披露信息。2013年8月31日，中国企业联合会、中国企业家协会在昆明发布2013中国企业500强榜单。中石化、中石油分别蝉联第一、第二名，中国建筑股份有限公司取代中国移动有限公司成为第三名。2013年，中国500强上榜的门槛继续提高到72.5亿元。四大银行成为中国500强中最赚钱的公司。

下表为财富中文网发布的2013年度中国企业500强名单的前20位。

排名	公司名称	营业收入（百万元）	利润（百万元）
1	中国石油化工股份有限公司	2786045	63496
2	中国石油天然气股份有限公司	2195296	115323
3	中国建筑股份有限公司	571516	15735
4	中国移动有限公司	560413	129274
5	中国工商银行股份有限公司	536945	238532
6	中国铁建股份有限公司	484313	8479
7	中国中铁股份有限公司	483992	7355
8	上海汽车集团股份有限公司	480980	20752
9	中国建设银行股份有限公司	460746	193179
10	中国农业银行股份有限公司	421964	145094
11	中国人寿保险股份有限公司	405379	11061
12	中国银行股份有限公司	366091	139432
13	中国平安保险（集团）股份有限公司	299372	20050
14	中国交通建设股份有限公司	296227	11950

续表

排名	公司名称	营业收入（百万元）	利润（百万元）
15	中国电信股份有限公司	283073	14925
16	中国人民保险集团股份有限公司	257002	6832
17	中国联合网络通信股份有限公司	256265	2368
18	中国神华能源股份有限公司	250260	47661
19	中国海洋石油有限公司	247627	63691
20	中国冶金科工股份有限公司	221120	–6952

通过上表，我们可以看出，目前排位靠前的大企业，几乎皆为国有垄断企业。它们大部分是通过行政垄断、干预、不公平竞争的方式产生的，并不是市场经济下的公平竞争。能源、金融占绝大多数，民营企业整体上与央企或者国企根本无法竞争，且也无法在同一个平台上进行公平竞争。市场的活力，在这样的不公平竞争中，被逐渐消磨殆尽。这在很大程度上反映了一个现实问题：我国国有企业，尤其是占据垄断地位的国有企业，应当进行必要的改革。

以石油领域为例，中石油的腐败案为国企改革敲响了警钟，同时也暴露了现行国资监管体制建设上的不足。身居高位且握有重权的高管们，并非我们原本想象的那般“完美”和“智慧”，而是在体制弊病的挤压和折磨下，变成了利益的崇拜者抑或投降者。

在中石油腐败案曝光之后，市场对国企改革投入了更多的目光。政企不分、垄断得利、与民争利，已成为部分央企身上的标签。发生在国企的腐败本质上讲是制度性问题。当一个人出问题并不可怕，可怕的在于，发生在国企的腐败案例，毫无悬念地会牵扯出一群人来，而这群人的相互往来，就构成了一个贪腐的环境和隐形体制。这也就是说，在体制之内，想要独善其身，难上加难。同样的事情，之前的铁道部的高管腐败案件，让我们认识到了改革的必要性和紧迫性。过多的国企顽疾，已经让我们的社会与国际社会拉开了巨大的差距。

说到这里，我们有必要对我国的经济改革做一个简单的回顾。

改革开放的最初十几年来，中国的经济增长和效率提高基本来源于非国有部门（民营部门），而占有经济资源主要部分的国有部门不但增长缓慢，而且效率有下降的趋势。亏损企业的数量逐年增加，以致到1990年代中期整个国有企业部门陷入了盈不抵亏的困境。这种情况必然要拖累整个国家的财政金融体系。其中，银行系统的呆坏账大量积累，面临着极大的系统性风险。

同时，由于计划经济和市场经济双规并存的状态，使某些有权力背景的人获得了巨大的“寻租”机会。这些被称为“官倒”的人靠倒卖调拨指标在短时间内成为巨富。一时间，“官倒”成为腐败的代称和全民议论的焦点。

正是针对上述两方面的情况，1984年的十二届三中全会作出以农村承包制为主的改革转向以城市为重点的“整个经济体制的改革”的决定。随之进行的，就是用近10年的时间将一大批国有企业（主要是集团公司下属的二级企业）改组为多元持股的公司制企业。这些企业的效益有了提高，也扭转了国有经济全部门亏损的状况。

在中共十五大后的几年中，我国实现了数百万个国有小企业和基层政府所属的乡镇企业改制以及上万个大中型国有企业的“股份化”。这样一来，中国经济的所有制结构明显优化，开始从国有经济一家独大的结构转变为多种所有制企业共同发展。

世纪之交，国有经济改革虽然取得进展，但当这些改革推进到更深的层次，特别是涉及国有大型垄断企业集团时，改革的步伐就明显地慢了下来。后来还发生了一些领域“国进民退”开倒车的现象。随着时间的推移，国有经济对军工、电网电力、石油石化、电信、煤炭、民航、航运、建筑、钢铁、化工等行业保持着“绝对控制力”，民营企业的发展空间大为收紧。在有些领域，甚至发生获准进入的民营企业的许可被收回，不准继续经营的情况。一些国有企业还对民营中小企业展开了收购兼并，使国有经济在一些重要行业的垄断地位进一步强化。

其次，一些国有企业不但继续保持行政垄断的地位，而且得到了国有银行的大量贷款支持，迅速扩张。银行的海量贷款，绝大部分贷给了国有大企业和“地方政府融资平台”。这使国有企业大大提高了扩张速度，甚至大举进入房地产业这一公认的竞争性行业。它们挟巨资抢购土地，使“地王”频现，纪录不断刷新。

就当前而言，国企的改革核心就在于有效实现政企分离。原因在于，一方面，政府需要国企的支持；另一方面，国企也需要政府官员的权力支持。这样一来，政府官员与国企高管之间就很容易形成有悖改革目标的利益集团。

切实推进国有经济改革是一项十分艰巨的任务，它必然会遇到来自陈旧意识形态和“特殊既得利益”的阻挠。单靠反腐无法根除国企的集体性腐败，也无法改变国企沦为利益集团牟利机器的宿命。真正应该做的是，重构权力结构，减少国企数量，打破国企垄断，构建起对国企立体式的、全方位的、有效的监督体系和主体体系。

我们期待着，以提升人民福祉、实现共同富裕为目标的改革，终将能够在中华大地上落地生根，开花结果！

各国国有企业改革之路

就目前而言，世界各国国有企业已经或正在发生重大变革，改革的基本方向是私有化或社会化及民营化，股份制改造是国有企业改革的主要途径。但各国由于历史和国情的差异，在国企改革的过程中呈现出了不同的思路和路径。

1. 英国国有企业私有化浪潮

国有企业私有化改造最早源自英国。英国是一个老牌的资本主义国家，“二战”以后经济开始逐渐走下坡路。为了提高经济竞争力，“二战”后英国历届政府先后对国有企业进行了多种形式的改革，基本措施是对国有企业实行私有化及股份制改造。英国的做法从20世纪80年代末到90年代初影响了世界上大多数国家，形成了所谓的私有化浪潮。英国国有企业改革主要是政府通过制定私有化政策的方式加以推行。

英国的国企私有化改造可以分为两个阶段。

第一阶段（1979～1986年）主要是对包括石油公司、天然气海岸设施、宇航公司、电报电话公司、铁路企业、旅馆、全国卡车公司等在内的亏损不太严重、仍可获利且大多属竞争行业的企业实行私有化，通过企业公开上市、整体出售给私人企业以及职工内部持股等具体做法进行私有化。

第二阶段（1987～1991年）主要涉及亏损较为严重的国有企业及公用事业和自然垄断性行业，包括天然气、航空、钢铁、供水、造船、电力、全国公共汽车等行业。与第一阶段不同的是，第二阶段以将国有企业出售给私人企业为主要形式，同时采用股份公开上市及职工持股的办法，从规模来看，比第一阶段扩大了近一倍。

为了保证整个改造进程的平稳性，英国政府采取了多种配套措施。其中最为重要的是特别股权安排及照顾职工和分散的小额股东权益。特别股权安排是指政府保留一部分国有股权暂不出让，目的在于防止某些行业或私人企业利用国有企业私有化改造，恶意收购或兼并国有企业；同时也可以制约企业的个别经理人利用私有化改造转公为私，乘机扩大个人利益，造成国有资产流失。而照顾职工和分散的小额股东权益，重点在于合理确定职工持股购股方案，一般让本企业职工持有本企业总股份的10%左右。

由于政策可行、措施有效，通过10多年的私有化改造，英国被改造国有企业的经济效益普遍得到提高，其中英国最大的40家被改造国有企业全部摆脱亏损，盈利增幅较大。同时政府也甩掉了一些财政包袱，使财政收支状况明显好转，政府通过出售国有企业，直接获得的总收入超过600亿英镑。被改造国有企业职工的收入也有较大增长，加上股票收益，使职工参与企业管理的意识增强，企业的经营管理机制也得以改善。此外，股份制改造得到英国社会各阶层的支持，表现在社会公众持股人数大增，由300万人上升到1000万人。

英国国有企业改革取得了比较好的效果。首先在于其“化大为小，区别对待”的思路。政府根据具体情况，对亏损的大企业本身进行划分，根据各部门具体的盈亏情况划分为若干个小公司，以区别对待。由于一个大型企业的亏损不等于各部门一概亏损，区别对待的优越性在于政府能够把有限的资金用于那些因亏损而急需改造的部门，从而降低了国企改造成本，增加了企业扭亏为盈的机会。其次是采取了相对平稳的逐步推行策略。整个改造过程分阶段实施、按步骤进行，重视可行性研究及前期准备，在实际推行中先易后难、由小到大。改造的形式也不拘一格，包括整体出售、内部收购、股票上市、国有民营等多种形式，注重各种改革措施之间的相互衔接配套。

当然，英国的国企改革也有它的问题，如由于企业大量裁员使失业问题空前严重，还有就是如何有效监督管理国有企业私有化，尤其是对具有自然垄断性企业实行私有化后，如何防止因私人垄断而损害社会公众利益是一个值得重视的问题。

2. 德国的经验：民营化与托管

原联邦德国国有企业改革始于20世纪50年代末，其理论依据主要来自当时的联邦政府经济部长艾哈德。艾哈德主张通过民营化来改造国有企业，他认为，民营化是手段，其目的在于改变政府与企业的关系，并使两者分离，从而使国有企业能够真正进入市场参与竞争。与此相应，企业的管理体制发生变革，形成独立于政府的经理集团，并置于众多股东的有效监督之下，由此可以在市场竞争中提高国有企业的经营效率，而企业效率的提高有助于扩大企业的资本、增加社会就业。

20世纪80年代，原联邦德国加入到世界性国有企业私有化改革的浪潮中。到1987年，联邦政府已全部售出所持有的大众汽车公司、煤炭电力股份联合公司和普鲁士矿冶股份公司等主要国有企业的股份。通过民营化改革，提高了企业的经营效率，证实了早年艾哈德的理论设想，民营化改革的政策得到进一步推广。

两德统一后，德国政府致力于改造原民主德国的国有企业，主要措施是成立“托管局”，利用“托管”形式进行“注资改造”。为筹集改造的资金，托管局先后在国内国际资本市场上发行特种债券，获得巨额资金后注入国有企业。注资后再采用新的管理措施，如实行股份制加以改造。由此使大多数原民主德国国有企业扭亏为盈，并成为富有竞争力的企业。此外，对负债十分严重的企业不是简单地加以出售，而是从职工队伍、企业环境等方面加以包装后再出售，从而使出售较为顺利地进行，相应地也获得了一定的出售收入，有助于降低国企改革的成本。值得一提的是，民营化并不等于将国有资产全部变为私有财产，它仅是调整、改变国家对企业的控制方式，由直接控制改为间接控制。尤其重要的是，通过国有企业的民营化改革，改善和加强了企业的经营管理，变过去国有企业单一化的管理形式为多样化的管理，企业资产的管理方式也变得多样化。

德国通过对国有企业的民营化改革，企业的经营效益获得较大提高。国家股的存在为保护国有资产及维护公共利益提供了有效监督。国家以参股的身份控制企业，使企业减少了对政府的依赖性，也能够更为积极、主动地参与市场竞争。

3. 俄罗斯及东欧国家的国有企业改革思路

与西方国家不同，俄罗斯、东欧国家国有企业改革具有自己的特色，由于这些原社会主义国家国有企业比重相对较大，从过去的计划经济体制向市场经济体制转变，相应地需要培植、扩大私有产权；另外，就是国有企业私有化改革是体制转轨的需要，也有利于市场体制的建立和完善。

俄罗斯、东欧国家国有企业私有化改革主要采取内部私有化和外部私有化，以及大私有化和小私有化的形式进行。内部私有化是将股票出售给本企业职工从而实现企业私有化改造的一种方式；外部私有化是通过股票上市的办法，即在证券交易市场出售股票的办法实现私有化。小私有化则是对国有商业、服务业以及小型工业企业的私有化，主要通过商业招标和租赁的方式进行；而大私有化则是对大中型工业企业的私有化。

从对国有企业改革的过程看，俄罗斯主要采取了以无偿转让国有资产为重点的私有化改造方式。在俄罗斯小私有化式改革中，主要以无偿转让国有资产为主，有偿转让的比重很小。在大私有化式改革的第一阶段，也主要是通过发放私有化证券无偿转让国有资产，又称“证券私有化”。到了私有化的第二阶段，才开始从无偿转让国有资产过渡到按市场价格公开出售国有资产。

除私有化改造外，俄罗斯还保留了部分国有企业未实行私有化改造，对这些国有企业主要通过转变政府职能、加强管理、国家控股等手段加以改造，相应地强化了企业自主经营、自负盈亏的机制，有助于国有企业走向市场并参与市场竞争。

与俄罗斯不同的是，匈牙利的改革实行有偿转让国有资产的方式，其原则是国有资产出售而不分配。具体做法是以股份制作为国有企业改造的首要形式，相应地保持国家控股地位，同时进行企业配套改革。重视发展农业生产，改革外贸体制和金融体制，注重其与市场经济的接轨，以及注意利用外资改造国有企业。

俄罗斯、东欧国家国有企业改革具有以下特点：依法改造、加强领导、形式多样。各国总的改革方式有所不同，具体的改革方式也灵活多样，大体上包括公开拍卖出售、租赁、私有化证券、股票上市、内部持股、职工参股、外资并购、合资等多种形式。国情不同，企业的盈亏状况不同，相应地采取不同的改造方式。对效益较好的国有大中型企业多采用股份制改造的形式，通过股票上市或职工内部持股及参股等方式改变国有企业的产权结构及管理体制；对濒临破产的国有小企业则采用公开拍卖出售、集体与企业合股经营等方式加以改造。

俄罗斯、东欧国家的国企私有化改造也出现了不少问题。首先是内部私有化容易导致国有资产流失，而外部私有化则使体制中的隐性收入显性化，它有利于同旧体制有联系的权势阶层迅速致富，从而引起社会不满。据俄罗斯学者分析，私有化进程过快，与此相应的市场体系、法律制度及经营管理方式难以迅速形成并与之配套，因而对国民经济及社会生活造成巨大冲击。相比较而言，国有中小企业的改革比大型企业要顺利，大企业改革相对缓慢，从而使整个私有化进程延迟，结果使多数国家面临巨额预算赤字、失业人数剧增以及社会贫困面扩大。

从世界范围看，从计划经济体制向发达市场经济体制转轨，是个没有既成模式的全新课题，特别是在传统体制下国有制经济不仅比重大而且根深蒂固，短期内不可能迅速改变，因而激进的私有化改革难以达到预期效果。一种新体制的完全建立需要时间，当市场经济体制还未完全建立、旧体制的影响依然存在时，国有企业改革的难度、阻力及成本必然加大。因此，体制转轨国家的国有企业改革，重要的在于选准国有企业改革的范围、方式、力度、速度及时机。

4. 其他国家的国有企业改革经验

20世纪80年代以来，出现了国有企业改革的世界性浪潮，从欧洲到亚洲，这股浪潮波及到世界上大多数国家，除欧洲的英国、法国、德国、意大利、瑞典等国外，亚洲的日本、新加坡、马来西亚、印度尼西亚等国也纷纷对国有企业实行改革，分别涉及铁路、航空、海运、电报电话、烟草专卖机构、大型企业集团等，其中印度尼西亚通过拍卖使海运、出版等行业中的国营企业私营化；新加坡、马来西亚则分别通过股票公开上市的办法，对航空公司、国营建设工程公司、国际海运公司和电气通信公司等实行股份制改造；日本则通过民营化改革，较好地解决了亏损国有企业的债务，如日本国铁的债务问题。

日本国有企业改革的具体做法是采取国有民营的方式，通过民营化改革，使国有企业的所有权和经营权得以彻底分开。同时引入市场机制，通过市场竞争机制的作用，提高国有企业的经济效益。此外，通过出售被改造国有企业的股票，改变该企业的经营管理机制，使民营化得以彻底实现。同时通过对亏损企业的债务区分，相应地政府和企业各自承担一部分债务，联合清偿。

新加坡则是通过出售国有股权等私有化方式筹集巨额资金，再将其用于高技术部门的国有企业的发展。同时通过政府资金支持等手段，使国有企业向高技术领域转型，从而实现对国有企业的结构性改造。总体来看，新加坡国有企业改革强化了对高技术部门国有企业改造的支持，并以高技术改造来带动一般国有企业的改革，使之实现结构转换及产业升级。同时强调国家控股，尤其对高新技术部门国有企业的股份实行绝对控制，规定国家控股不低于30%，不允许个人和外国投资者控股。其中个人不得拥有该类型国有企业5%以上的股份，外国投资者的持股不得超过总额的15%。此外，强调国有企业减少与私人经济的竞争。这与其他国家通过对国有企业私有化改革，使之最终能够参与同包括私人经济在内的市场竞争有很大的不同。通过改革，新加坡国有企业的经济效益普遍得以提高，并增强了在国际市场上的竞争力。目前，新加坡是世界上国有企业效益最好的国家，这与新加坡政府利用高技术与市场机制改造国有企业不无关系。

美国政府对国有企业的改革首先是出售国有资产，“二战”后曾把大部分军工企业出售给私人垄断企业。20世纪80年代以来，又相继出售了包括联邦铁路货运公司、电力销售机构、全国铁路客运系统等在内的一批国有企业，并取得了一定成效。另外就是放松市场管制，政府重点取消了对国有通讯业及公共汽车业的管制，取消了对绝大部分有线电视和无线电广播以及电子计算机的电讯服务方面的限制。美国具有自由市场经济的传统，一向比较重视私人企业的发展，美国政府对国有企业进行改革的突出特点是政府转让职能，把本属于政府的职能转让给私人企业。政府相继通过国有资产出售、私人企业承包或改善经营管理等办法改革国有企业。联邦政府主要负责出售国有资产，州与地方政府则着重于转让政府职能。政府转让职能后，企业效率得到了不同程度的提高，其中市政服务方面尤其明显。

世界各国国有企业改革的基本目标主要是两个：政府摆脱财政负担以及提高企业经济效率。从改造及变革的方式看，大体采用了股份制、承包制和租赁制等形式，其中以股份制改造为主。综合来看，可以分为三种情况：一是股份制改造。对那些一时难以整体出售的大企业，或者政府需要加以控制的企业，实行股份制改造。一般通过企业内部职工入股和股票上市、部分出售等具体措施加以改造，从原来的国家独有转为官民共有而民营的形式。二是承包和租赁。主要用于市政服务及公共交通等行业的小型国有企业的改造。一般来说，在大多数国家，私人资本难以经营的基础设施及国防工业仍属国有或由国家控股。这里仅变革企业的经营权，而不改变企业的所有权。三是拍卖出让。对那些国家没有必要占有或没有能力继续经营及改造的国有企业，一般通过招标、拍卖的形式整体转让给某个或某些私人企业，使原来的完全国有转为完全私有。

第9章 社会保障就是保障社会

Urgent Reform

社会保障，就是保障社会！只有真正完善整个社会的保障体系，大大降低社会运行过程中人们面临的各种可能的风险，才能够促进社会和谐，也才能够保障这个社会健康发展。

一、社会保障=保障社会

社会保障是国家面向全体国民、依法实施的具有经济福利性的各项生活保障措施的统称，是用经济手段解决社会问题进而实现特定政治目标的重大制度安排，是维护社会公平、促进人民福祉和实现国民共享发展成果的基本制度保障。

在我国，社会保障体系由社会救助、社会保险、社会福利三大系统及商业保险、慈善事业等补充保障构成。其中社会救助旨在免除国民生存危机，保障起码生活，它被看作是政府的当然责任；社会保险构成社会保障体系的主体，旨在解除劳动者的后顾之忧，增进劳工福利，它建立在劳资分责、政府担保的基础之上；社会福利则是实现全体国民分享国家发展成果的基本途径。在这一体系中，养老保险、医疗保险、社会救助及相关社会服务等构成了支撑整个社会保障体系的基本骨架。

我们简单地回顾一下历史，一个事实不容忽视：历史上的农民起义大多是以救荒措施废弛为直接导火索。因此，注重民生，方为社会稳定和发展的根本。

纵观世界，1601年，英国伊丽莎白王朝制定《救贫法》，政府开始依法承担救济贫民与流民的责任，此积极举动实现了民众与政府之间的信任和互动，从长远来讲，激发了社会的活力，使英国渡过从封建社会进入资本主义社会的难关，并在17世纪成为“日不落”帝国。

1883年，德国在有“铁血宰相”之称的俾斯麦主持下首创现代社会保险制度，有效地化解了劳资之间的尖锐对抗，迅速促使处于资本主义薄弱环节的德国成为强盛之国，120多年来始终维系着德国的强盛。

1935年，美国在遭遇全球经济大危机并导致国民经济几乎崩溃的背景下，罗斯福总统推动制定了综合性的《社会保障法》，由此确立的美国社会保障制度迅速成为治愈美国危机并维持其强盛的良药。

20世纪40年代末，英国率先建立福利国家并风靡西方世界，同样促进并维系了包括西欧、北欧等国家在内的长久繁荣。作为战败国的日本，在“二战”后迅速制定“保险六法”、“福利六法”，建立健全的社会保障体系，同样成为其经济迅速起飞的重要原因。作为“亚洲四小龙”之首的韩国，自20世纪70年代后高度重视社会保障制度建设，近十多年来更是推崇国民福利与国民经济同步发展的方略，虽其国土面积窄小、资源贫乏，却成为先进国家……

从英国、德国的工业化进程，到美国、日本、韩国等的发展实践，可以发现，社会保障与国家兴盛事实上存在着一种正相关性。没有健全的社会保障制度维系，便不可能有持续的社会稳定与经济繁荣。如果忽略社会保障，放任贫富差距扩大，深刻的社会危机便会到来，长治久安只能是空中楼阁。所以，凡是追求国家持续、健康发展的国家，必定高度重视社会保障制度建设；凡是社会保障制度健全、完备的国家，通常是能够获得持续、健康发展的国家。

中国的经济发展虽为世界所瞩目，但也面临着从外向依赖型经济向稳定的内需驱动型经济转变，从依靠低劳工成本优势向通过提高劳动者素质与技术创新来提升核心竞争力的转变，从发展失衡格局向全面协调均衡发展转变，从单纯追求经济增长向实现国民福利与国民经济同步发展转变。因此，通过建立健全的社会保障体系来解除城乡居民的生活后顾之忧，保障全民合理分享国家发展成果和具有长期稳定的安全预期，显然是应对上述挑战并实现经济社会持续、协调、健康、和谐发展的必由之路。

二、我国社保一路走来

改革开放前，中国社会保障基本上只覆盖国家部门的职工。至于广大农村，则沿用中国传统社会的办法，以家庭保障作为主要的保障形式。城乡保障水平截然不同，国家将其垄断的社会保障资源的绝大部分都配给了城镇“国有单位”，包括政府机构、国有企业和城市街道所属的“大集体”企业，而不包括广大的农村居民及城镇中没有在“国家单位”中任职的居民，这对后两部分社会群体是极不公平的。

另外，当时我国国家部门的社会保障制度还有一个区别于其他社会主义国家的特点，就是它不是由国家统一实施，而是由“单位”这一社会基层组织负责实施。在劳动力缺乏流动性的情况下，劳动者一生甚至其后代都可以完全从属和依附于其所在的“单位”，于是社会保障演变为“单位”保障。

通过“单位”配置实物性社会保障资源的条件下，个人的受益水平实际上取决于所属“单位”在计划体制中对资源的获取能力。这样，不同的社会群体在福利水平上往往形成很大的差别。到了“文化大革命”后期，由于有些国有企业财务状况不佳，拖欠社会保障费用支付的情况开始多有发生。改革开放以后，国有企业的经营状况拉开了距离。

同是国有企业，一些职工由于企业没有足够的计划指标而不能获得基本保障，另一些职工却由于企业能够得到充足的计划资源或因有特殊的政治地位而得到高标准的福利，形成了社会保障上的严重不对等。

在传统的社会保障体系中，资金由“单位”进行管理，受益人没有任何动力和权力去监督社会保障资金的收支，上级政府的监督也很弱，因此极易滋长官僚主义和特权腐败。这种管理方式还意味着国家垄断了所有的社会保障资源，由国家将住房、医疗、子女就业就学、劳动保障等以实物配给方式向受益个人提供，个人不能自主选择最满意的消费品组合，更不能对自己整个生命周期中的财务收支作出自主安排，而只能服从房管局、公立医院等国家机构和“单位”的决定，成为国家机构和“单位”的附属物。

改革开放30年来，我国社会保障制度的改革和发展历程可以分为四个阶段：第一个阶段是1978～1991年的恢复性改革阶段，第二个阶段是1991～2000年的探索性改革阶段，第三个阶段是2000～2006年的“做实”试点阶段，第四个阶段是2006年十六届六中全会提出基本建立“覆盖城乡居民的社会保障体系”的“全覆盖”阶段。

第一，1978～1991年恢复性改革阶段。

中国养老保障制度建立于1951年，主要覆盖城镇企业职工。根据当时的《中华人民共和国劳动保险条例》，社会保险经办机构按职工工资总额的3%提取劳动保险基金，并在全国范围内调剂使用。1955年，国家建立了机关、事业单位工作人员的养老保险制度。1958年，国家根据当时的实际情况，将企业和机关事业单位的两个养老保险制度在适当放宽养老条件和提高待遇标准的基础上作了统一规定，并一直沿用到1978年。

1966年开始的十年“文化大革命”对当时的社会保障制度造成了严重冲击。1978年召开的中共十一届三中全会扭转了我国社会经济的混乱局面，为社会保障制度改革提供了宽松的政治、社会条件。自1978年中国进行经济体制改革以后，政府针对养老保险制度存在的弊端进行了一系列改革，主要是实行了养老保险费用社会统筹，建立了劳动合同制工人养老保险制度，养老保险基金实行国家、企业和个人三方负担，引入了个人缴纳养老保险费机制，探索建立起国家基本养老保险、企业补充养老保险和个人储蓄性养老保险多层次的养老保险体系。

这个历史阶段的社会保险的特点是，所有的个人福利与生老病死都由企业负担。从这个意义上讲，这个阶段的保险是“企业保险”，而不是“社会保险”。1978年以前，我国社会保障制度的典型特征是“企业保险”，而1978～1991年这一阶段主要是维持、巩固和完善这种制度模式，因此这一阶段的主要目的还是为了解决历史遗留问题和恢复被“文化大革命”破坏的养老保障制度。

这种保险制度虽为社会主义建设作出了巨大的贡献，但同时也存在着比较严重的问题，它显然不能适应改革开放的形势和经济转型的需要。总的看来，1978年以前的“传统社会保障制度”既是国际共产主义运动的一个合理延续，也是中国特殊历史条件下特殊经济体制的产物。

与此同时，这一阶段的一些改革措施也积极促进了“企业保险”向

“社会保险”的转变。例如，从1984年开始，中国开始尝试养老保险费用的社会统筹，其目的是“还原”社会养老保险的基本职能，并在江苏省泰州市、广东省东莞市、湖北省江门市、辽宁省黑山县等地开始试行退休人员的退休费社会统筹。在统筹方面，自1986年起首先实现了全国县、市一级的养老保险费社会统筹，进而又推进省一级的统筹工作。至1994年，全国先后有北京、天津、上海、吉林、河北、山西、青海、江西、湖南、福建、宁夏、陕西、四川13个省、自治区、直辖市实现了省级统筹。铁道、煤炭、水利、电力、邮电、中国建筑工程总公司、交通、人行、民航总局、石油天然气总公司、有色金属总公司在内的11个行业实行了养老保险的系统统筹。

第二，1991～2000年探索性改革阶段。

1991～2000年这10年是中国社会保障制度的探索性改革阶段，也是我国社会保障制度框架形成的重要时期。在这个时期，中国社会保障制度的形成主要由以下4个重要法规文件构成：

① 1991年6月，国务院发布《关于企业职工养老保险制度改革的决定》，尝试性地开始社会养老保险结构的改革实践。在养老保险的筹资方面，确定社会养老保险费用由国家、企业和职工三方共同筹资，职工个人按本人工资的3%缴纳养老保险费。在制度结构上，确定探索建立国家基本养老保险、企业补充养老保险和个人储蓄性养老保险相结合的多层次养老保险体系。在这个多层次的养老保险体系中，第一个层次是基本社会养老保险，它是核心，由国家立法，在全国统一强制实施，适用于城镇各类职工。第二个层次是由用人单位依据自己的经济情况自主决定量力举办的企业补充养老保险，它对第一层次具有补充作用，是多层次养老保险体系的重要组成部分。第三个层次是职工个人储蓄性养老保险，个人根据经济能

力和不同需求自愿实施。当时制定这个制度模式的目的是想通过企业补充养老保险和个人储蓄性养老保险的方式调动多方面的积极性，适当分散国家的经济负担，并能够适当积累起一定的基金，促进经济发展。

② 1993年中共十四届三中全会通过的《中共中央关于建立社会主义市场经济体制若干问题的决定》正式决定实行社会统筹和个人账户相结合的社会保险制度。其中，一个最重大的突破是关于个人账户的设置，“社会统筹和个人账户相结合”实际上就是社会统筹和积累制的结合。另一个突破是要求建立统一的社会保障管理机构，社会保障行政管理和社会保险基金经营要分开，社会保障管理机构主要是行使行政管理职能；社会保险基金经办机构，在保证基金正常支付和安全性和流动性的前提下，可依法把社会保险基金主要用于购买国家债券，确保社会保险基金的保值增值。

③ 1995年3月，国务院发布的《关于深化企业职工养老保险制度改革的通知》具体确定“社会统筹与个人账户相结合”的实施方案，确定“统账结合”是中国城镇企业职工基本养老保险制度改革的方向。提出到20世纪末，基本建立适应社会主义市场经济体制要求，适用于城镇各类企业职工和个体劳动者，资本来源多渠道，保障方式多层次，社会统筹与个人账户相结合，权利与义务相对应，管理服务社会化的养老保险体系。但在实际运行中，由于对探索建立一种新社会保障制度存在认识上的差异，同时也由于在具体操作中遇到了地方与中央、行业与地方，不同省份各市、县之间利益不一致，形成了城镇职工养老保险制度多种方案并存的破碎局面，在全国产生了上百种改革方案，导致了地区之间养老金水平相互攀比，中央难以管理、调控，职工跨地区流动困难等问题。这些现象在一定程度上暴露出中国养老保险改革的深层次矛盾和改革的复杂性。

④ 1997年7月国务院颁布《关于建立统一的企业职工基本养老保险制度的决定》，为解决养老保险制度多种方案并存的破碎局面，采取了以下措施：

a. 在养老保险费的筹集方面，按职工工资的11%建立养老保险个人账户，其中个人缴费上升到8%，企业缴费划入的部分降低到3%；

b. 在企业缴费的控制方面，企业缴费（含划入个人账户部分）的费率不超过工资总额的20%；

c. 养老金的构成由基础养老金和个人账户两部分组成；

d. 将11个行业统筹划归地方社会保险机构管理。至1997年末，11个参加行业统筹的在职职工人数为1400万人，占国有企业职工总数的15.8%，离退休人员360万人，占参加统筹企业离退休人数的13.2%；

e. 为了加速养老保险制度改革，国务院还决定在行业统筹移交地方统一管理的同时，加大推进省级养老保险统筹的力度，确立基本养老保险基金省级调剂金制度的推进计划。确定到2000年，在省、自治区、直辖市范围内，要基本实现统一企业缴纳基本养老保险费比例，统一管理和调度使用基本养老保险基金，对社会保险经办机构实行省级垂直管理。

第三，2000～2006年“做实”试点阶段。

在“社会统筹和个人账户相结合”的制度模型下，由于改革前退休的“老人”，以及改革前参与工作、改革后才退休的部分人群缺乏积累，这造成统筹账户存在巨大支付缺口，各地社保部门均调用个人账户资金用于当期支付，个人账户有名无实，长年“空转”。挪用个人账户造成的新债，加之远未偿还的“隐性负债”旧债，一起将偿付责任推向了未来。个人账户的长期空转不仅严重打击了个人缴费的积极性，而且背离了统账结合的改革方向。

2000年，国务院决定选择辽宁省进行完善城镇社会保障体系试点，颁布了《关于印发完善城镇社会保障体系试点方案的通知》，决定从2001年7月开始在辽宁省进行完善城镇社会保障体系试点工作。试点的核心内容是将一直“空账”运行的个人账户“做实”，实行真正的“半积累制”。辽宁试点的其他内容还包括：完善城镇企业职工的基本养老保险；解决下岗职工的安置，结束旧的劳动关系，完成再就业中心向失业保险并轨工作的历史使命；实施城镇居民最低生活保障；推进城镇企业职工的基本医疗保险；探索社会保障筹资的途径和管理方法；推进社会保险的社会化管理。目标是建立独立于企业、事业单位之外、资金来源多元化、保障制度规范化、管理服务社会化的社会保障体系。

2005年12月，国务院发布《关于完善企业职工基本养老保险制度的决定》，从2006年起又将试点改革扩大到除东北三省之外的8个省、区、市，包括天津、上海、山东、山西、湖北、湖南、河南和新疆。

第四，2006年至今“全覆盖”改革阶段。

2006年中共十六届六中全会明确提出到2020年建立覆盖全民的社会保障体系。在一个十几亿人口的大国做到全民保障，这不仅是中国人民的福音，也是对世界养老保障制度的一个重大贡献；同时，这个任务也是十分艰巨的，需要更多的智慧和付出更多的努力。

三、我国社保现状透析

改革开放以来，我国进入社会转型期，由于经济的高速发展，社会成员的流动性频繁且加快，这大大提升了我国的城镇化进程。30多年时间里，我国城镇化每年保持1%增幅。2011年末，城镇人口达到6.9亿人，城市化率达到51.27%。根据发达国家经验，城市化率在30%～70%期间是城市化加速期，而且越是后发展国家和地区，城镇化的速度越快。以目前的情形看，我国城镇化仍然有可能保持年均1%的速度，并将持续10～20年。

城乡分治的社会大背景，造就了我国农村居民与城镇居民在社保上两种制度、两种待遇的现状。对于社会转型和城镇化建设过程中产生的农民工而言，他们的社保在城乡两头都靠不上，纳入社会保障、享受公平的均等化公共服务的困难很大；另外城镇化进程中由于征地而失地的农民，其农业生产失去基础，“土地保障”的功能相应消失，再加上就业难、征地补偿低等原因，这部分人有可能沦为农村社会的底层，他们的社保需求迫切但又难有针对性解决方案；在考虑到城乡无业、失业人员和残疾人等弱势群体的数量近年也呈现上升趋势，社会保险、社会救助、社会福利面临着很大挑战。

亟待优化的社会保障体系

城乡社会保障制度长期以来饱受诟病，城乡社保人为分割，保障程度不一，不仅没有促进社会公平，反而制造了新的社会不平等。

随着我国经济的不断发展，政府的财政收入更是成倍增加，但社会保障体系的状况却很不能令人满意。一方面，旧的社会保障体系早已不能满足社会的需要；另一方面，新的社会保障体系又迟迟没有建立起来。从国际社会经验看，建立与经济社会发展水平相适应的社会保障制度，是现代国家确保社会成员社会权利实现，积极应对社会风险，进而促进社会稳定的普遍做法。随着社保改革逐步进入“深水区”，社保面临的国内外经济社会形势不断变化，社会保障事业的发展面临前所未有的挑战。

养老保障

在中国，养老金一直属于社会的核心问题。随着中国老年人口的总数不断提高，社会养老问题也时刻影响着管理层的整体决策。根据数据统计，当前中国60岁及以上的人口占比高达13.26%，而65岁及以上的人口占比也超出7%的全球老龄化水平。可见，中国已经迈向了老龄化的社会。

当前国内社会存在着一种现象，即在老龄人口迅猛增加的同时，社会新增劳动力却没有出现显著性的增长，有研究分析认为，中国的人口红利或将在2020年前后消失。纵观全球的发达资本国家，不少国家同样出现了类似的难题。以日本为例，经历了1961年至1970年的国民倍增发展时期后，日本的综合国力得到迅速提升。随着社会经济发展水平的增长以及社会医疗技术水平的显著提高，本土的老年人口出现了前所未有的爆增。更有当地的权威数据预测，2020年后日本的老龄化水平或将高达40%！

养老金问题可谓牵一发而动全身。究其原因，不仅会牵涉到老龄人的日常生活水平，而且还会直接影响到国家的财政支出以及社会民生等核心要素。

在国内通胀压力持续高涨的环境下，近几年社会对养老金改革的呼声也愈发强烈。然而，经历了多年的实践试验，中国式的养老金改革似乎渐行渐远，而百姓期盼的改革方案却迟迟没有出台。当前中国的养老金改革面临着以下诸多问题。

第一，养老金双轨制问题。众所周知，国内的养老金双轨制属于历史性遗留问题。由于机关、事业单位的改革进程缓慢以及涉及的制度性难题甚多，因此当前国内机关、事业单位的养老保险制度仍沿用1978年之前的制度。经历三十余年的差异化发展，养老金双轨制已然成为当前社会矛盾的激发点。以社会养老金的平均替代率为例，一般企业职工的养老金平均替代率不足50%，而机关、事业单位的平均替代率却高达80%以上。以缴费的模式为例，企业职工需要缴纳一定金额的费用且满足相应的工作年限才能够顺利领取养老金。相反，机关、事业单位的职工基本不需要缴纳个人费用，相关的费用均由国家承担。另外，由于国内不足5%的企业职工可以享受企业年金，因此大部分企业职工的养老金仅由基本养老金组成。而机关、事业单位职工的养老金组成要素较多，整体的养老金数额远高于企业职工。

由于历史长期沉积的难题甚多，而且养老金改革牵涉的利益太复杂，即使相关的改革方案真的敢于破除历史难题，但是其执行效率仍将会面临着重大的考验。国内对养老金的法律保障体系尚属不完善的阶段，执行养老金改革必将会引起相关利益团体的极力反对。

第二，养老金缺口问题。据统计，2013年中国的养老金缺口约18.3万亿元。以此推算，当前社会养老金缺口约占国内GDP总值的35%。巨大的养老金缺口必定会影响国家的财政支出，也会为国家财政带来巨大的填补压力。按照近几年的平均水平分析，养老金的收支缺口需要的财政补贴占全国财政支出的9.9%。随着社会老龄化人口的增加，社会养老金缺口也将会持续扩大，届时养老金收支缺口占比全国财政支出的数值也会相当惊人。

第三，养老金储备困局。根据数据统计，当前中国养老金储备规模仅为GDP总额的2%，该数值远远低于全球的平均水平。需要注意的是，养老金个人空账持续增长是当前的主要问题。以过去两年的数据分析，2011年社会空账数额达到2.2万亿元。2013年，以广东为例，个人空账就达到400亿元。更有分析指出，在2.2万亿元左右的个人账户记账金额中，实际的账户数额仅有2700多亿元，占比记账金额总额不足15%。可见，在养老金缺口持续增加的环境下，过去以在职职工的缴费来填补退休职工的办法显然不是长久之计。

第四，养老金投资营运困局。按照数据统计，新农保、城居保以及城乡保三项保险的累计结余约55%的数额基本属于活期类存款。按照过去10年年均2.47%的通胀率分析，若长期以0.35%的活期存款利率作为养老金的保值途径，显然会造成养老金的持续缩水。当然，若以过去10年的真实货币贬值水平计算，国内的养老金实际缩水幅度会相当惊人。于是，养老金进入股市等投资渠道成为社会热议的话题。不过养老金进入股市并非理想的投资方式。虽说美国社会养老金进入股市后，年均收益率高达7%，但是相比之下，中国股市的投资回报率却相当糟糕。按照过去3年的指数表现分析，2010年股市整体下跌14%、2011年股市整体下跌21%、2012年股市整体略涨3%。也就是说，过去3年中国股市的实际收益率为负数。若将统计周期扩大至10年，中国股市的整体收益率仍为负数。可见，中国股市并非是养老金投资的最佳渠道。

第五，延迟退休的制度困局。随着养老金缺口的持续扩大，延迟退休年龄以及增加个人缴纳费用成为缓解社会养老金缺口的主要方式。然而，盲目采取上述的缓和方式必将会引发社会的不满。当前，我国更希望以循序渐进的方式实现延迟退休的方案。纵观全球发达资本国家的延迟退休案例，不同政策显示出不同的效果。以美国为例，采取灵活的弹性退休制度成为缓解社会矛盾的主要方式之一。然而，美国最终能够顺利延迟2年的退休年限也需要经历24年的时间。相比之下，在中国更需要注意的是，由于延迟退休影响的群体过多，因此笔者认为管理层与其考虑延长退休年龄，不如实现灵活性的弹性退休制度，即愿意延迟退休的人员可以按照比例增加其退休工资。不愿意延迟退休的人员按照以往的退休工资发放。

按照我国相关政策的决定，社会保障体制改革应该从建立“社会统筹与个人账户相结合”、“统账结合”的养老保险开始。但是从一开始，新养老保险制度的建立就遇到了资金筹措的困难，发生了国有企业老职工的账户中没有基金积累或者积累很少的“空账户”问题。

从表面看，现收现付制的条件下，国有企业职工没有个人账户，也无须缴纳费用，就享有获得社会保障的法定权利。而实际上，他们的社会保障基金早在国家给他们发放工资时就已通过“低工资制”实现预扣了。这笔强扣的资金形成国家积累，政府用它来投资建立国有企业。日后职工年老退休时，政府就用从国有企业上缴的利税来支付养老金。这在财务上是可以周转得开的。可是由于职工的社会保障基金积累并不掌握在职工手里，而是掌握在政府手里，在由现收现付制转向个人账户制的时候，就必须解决职工个人账户“空账户”问题，实现资金的衔接。换句话说，也就是要解决老职工的社会保障基金的返还和由政府对职工养老保险承诺形成的政府对职工的隐性负债的补偿问题。

从表面上看，建立新社会保障体系的最大困难在于，对老职工的养老保险欠账问题得不到解决，导致新的养老保险体系无法正常运作，但这里涉及的并不仅仅是一个单纯的经济问题，而是一个与一些人的权力和利益相关的政治经济学问题。

医疗保障

社会保障体系建设的另外一个重大项目是医疗保障体系的建设。

在古代社会，对收入不足的家庭的医疗付费问题，主要是靠家族互济来解决的。在现代社会里，基本医疗的付费问题，通常是由政府的医疗保险机构负责解决的。大多数国家对基本医疗付费问题的通行做法是，医疗费用个人无力负担的部分由政府设立的社会保险机构负责，其余自理。中国也应该采取类似的办法。从付费角度看，我国旧有的医疗体制主要存在三方面问题：

第一，政府的医疗付费保障的覆盖面小，只覆盖20%人口，广大农村居民和相当一部分城市居民得不到政府的资助。

第二，政府投入不足，使普通居民不胜负担。统计数据表明，政府以预算支出方式投入的比重，从1980年的36.2%下降到2007年的20.3%；个人支付的部分，则从21.1%增加到45.2%。

第三，医疗资源配置不合理，严重地向官员，特别是向高级官员倾斜。一位卫生部前副部长曾指出，中国政府投入的医疗费用中，80%用于党政官员。这一数据足以令我们汗颜！虽然我们不知究竟有多少医疗保障资源有着不公平的倾斜，然而可以肯定，只要这些资源能够适度地向民众转移，我们社会的医疗保障现状将会出现巨大改变。

从提供一般医疗服务角度看，中国的私人医疗机构很少，人们看病绝大部分要到公立医院。公立医院进行了“扩大自主权”的改革，一个重要原因是财政拨款严重不足，政府要求它们自行“创收”来弥补资金缺口，而这必然引致“以药养医”、“过度检查”和医疗服务价格不断上涨的局面。虽然改革后有了一些医疗保险管理机构，但是它们作为名义上的医疗服务购买者，在大多数情况下，并没有代表病人向医疗服务机构购买服务，从而对医疗服务的品质和价格实施有效的控制。

如此说来，政府付费的医疗保障的覆盖面小、政府投入不足和医疗资源配置不合理，必然导致“看病难”；医院数量少、公立医院“扩大自主权”，则必然导致“看病贵”。

“看病贵”需要通过增加医疗服务供应来解决。公共卫生具有非竞争性和非排他性等公共产品的特性，因此应该由政府提供。公共卫生以外的一般医疗服务并不具有公共产品的性质，应当由谁来提供呢？由于政府在私用品的资源配置上总不如市场那样有效，所以由政府直接开办医院向居民提供医疗服务，即所谓“补供方”并不是一种好办法。除具有公共品性质的公共卫生事务外，一般医疗服务应该通过医疗服务市场提供，公立医院、私立医院，包括公益性的私立医院和盈利性的私立医院、合资医院等各类医院都可以平等地参与医疗服务市场的竞争，而由医疗服务的购买者，病人或医疗保险机构，在医疗服务市场上选择医疗服务的提供方。

失业保险

社会保障体系还有一项重要内容就是失业保险。计划经济时代实行“统招统分”、“统包统配”的劳动就业制度，官方不承认有任何失业者存在，实际上失业是“隐性”存在的。一个明显的例子是，从1962年到1978年改革开放之前，约有1800万名知识青年被下放到农村，农村成了吸纳“隐性”失业人员的“蓄水池”。“文革”结束后，大批知识青年回城，因为没有工作而被称为“待业青年”，其实就是“失业青年”。

改革开放后，国家对传统的就业体制进行了改革。1986年国有企业用工实行劳动合同制度改革，失业显性化。为了适应国有企业改革的需要，开始建立起失业保险制度。1993年，中共十四届三中全会正式提出要建立“失业保险制度”。1999年，国务院颁布《失业保险条例》，规定城镇企业、事业单位及其职工必须参加失业保险。这标志着中国失业保险制度开始走上正轨。

虽然《失业保险条例》规定的覆盖范围包括城镇企业、事业单位职工，涵盖了所有类型的企业和事业单位，但目前实际执行中还主要维持在国有和集体企业的范围之内，在私营企业和个体企业就业的职工实际上很难享受失业保险救助。目前实际运作中的失业保险制度已经不适应经济形势，需要加以改变。

对于“下岗”、退休和破产的国有企业的职工，流行的做法是，由企业实行“买断身份”，即按照职工工龄和工资级别予以一次性现金补偿。这种做法也有比较大的弊病，因为采用这种办法，失业和退休职工拿到的一次性补偿，并不足以维持生命余年的生活，这会带来严重的社会问题。而且财务状况不同的企业补偿金额相差悬殊，都是国有企业，都为国有资产的积累作出过贡献，但有钱的企业补得很多，资不抵债的企业则分文没有，于法于理都说不过去。

四、特权阻隔亟待消除

社会保障若不能很好地实现保障社会成员的功能，则社会的发展将会徘徊不前。目前，我国正在由整体利益社会（即集体主义、平均主义等）分化为多元利益社会，且已从“生存型”、“温饱型”社会经济模式转向“消费”为主要导向的社会经济模式。在这种大环境下，一方面，社会保障成为公民社会生活的基础，以终极保护的方式推动公民积极消费，换言之，社会保障体系的完善性和保障水平，成为经济发展的必要条件；另一方面，随着公民的民主、法治意识的提高，民众对社会保障的福利共识已经形成，社会保障开始成为现代国家的刚性支出，并且产生了对社会保障的多样化需求。国际经验也表明，只有通过国家主动的公共服务和社会保障，才能免除老百姓的后顾之忧，从而推动社会消费。在我国对外出口、投资增长均显乏力的环境下，推动社会保障的完善，既是国家经济社会发展的需要，也成为民众在消费社会来临后的主动需求。

社会保障即是保障社会。保障社会每一个成员的利益，就是保障整个社会的稳定与和谐。那么，在社保完善的过程中，为何“脚步”总显踉跄？踉跄的背后不仅仅是体制僵化和积弊所增加的负重，更在于体制性现象的背后，其实有着相关部门或地方通过对公民权益的侵害，从而实现利益的截留与索取。以农民工这样一个巨大的流动人口群体为例，他们中的大多数人都会在工作一段时间后，选择回到农村的故乡。但是在退保或转移时，却只能得到个人缴纳的社保资金，同样属于他们账户的企业为农民工所缴纳的社保资金，则被截留在了工作所在地。而且事实上，这已不光是农民工面临的问题，而是所有流动人口面临的问题。对于单位替个人缴纳的社保资金在转移时普遍被扣，给地方作了贡献。

没有人知道，历年来全国各地通过这种转移截留社保资金的数目有多大，甚至也没人知道，这样一大笔钱具体的流向。一段时间以来，社保大案频发的情形下，我们即使不怀疑这些被截留的社保资金成为了某些人坐享的盛宴，也不能不承认，它们至少成为了一些地方或部门的利益盛宴。而这样的一份意外之财或称之为“灰色收入”、“预算外收入”，真真切切是以牺牲公民合法财产以及正当权益来实现的，甚至可以说是以牺牲中国可持续发展赖以维系的社保体系为代价的。

每一种迟迟不肯归还的公民权益，都注定成为可以让某些利益集团大快朵颐的盛宴。与社保资金一样纠缠不清的户籍制度，同样历尽博弈，同样“十年磨剑，锋芒未成”。户籍制度改革的重点和难点在于几十年以来户口制度附着了很多公共政策，包括与社会保障权益相关的不能马上解决的矛盾。可以想象，没有利益，哪有附着？曾经广受诟病的暂住证收费，以及社保转移之难，不都是附着其上的“公共政策”吗？

只要一些特殊利益未能破除，公民权利就难以获得保障。

第10章

汇率改革迫在眉睫

Urgent Reform

人民币的对内贬值与对外升值，使得国内的生活成本持续上升，企业的对外竞争力逐渐减弱。所以，调整国内经济结构，成为当务之急。合理的经济结构可以合理地分配资金流向，出口导向型的经济发展模式也会在这样的纠错过程中，得以改正，继而人民币的合理估值区间才能符合我国的经济发展需求。

一、人民币汇率问题的由来

1994年1月1日，我国汇率体制第一次进行了重大改革，实施了有管理的浮动制，人民币一步并轨到1美元兑换8.70元人民币，之后“走走停停”，截至笔者开始写作本章节的2013年12月7日，美元兑人民币的中间汇价为1美元兑6.0815元人民币。人民币若按照此种升值趋势，与美元的中间汇价进入5时代似乎指日可待。

从8.7到6.0815，人民币兑换美元实际升值了30%。在人民币兑美元现实升值期间，反对声音不绝于耳，认为人民币被迫升值有损中国经济发展的言论一度成为主流。然而，具有讽刺意味的是，尽管反对声浪汹汹，人民币升值依旧，并不体谅那些专家学者们的“良苦用心”。虽然反对人民币升值的声音在逐渐增强的改革浪潮中变淡变弱，但过往的针对人民币升值的截然相反的论战，使大众对该领域问题既陌生又困惑。

自从美国指控中国政府操控汇率并威胁要对中国进行贸易制裁以来，两国有关汇率的口水仗激战犹酣。汇率问题不仅成为广播、电视、报纸、网络的热点，也成为街头巷尾寻常百姓的话题。一个个专家学者粉墨登场、慷慨激昂之后，一个个百姓早已被撩拨得热血沸腾、义愤填膺。

由此，从汇率问题衍生出的阴谋论甚嚣尘上。理由在于，我们切身体会到的是人民币贬值，而美国却让我们不断升值，届时企业倒闭、百姓失业、经济萧条，不是阴谋是什么？

然而，现实情况是这样吗？这究竟是美国向我们发动的没有硝烟的战争，还是我们逢美必反的固有观念在作祟？

我们不妨从下面的例子来对汇率问题的形成以及内部关系做一阐述。

假设A国和B国之间进行贸易往来，A国资源丰富，而B国资源相对而言较为匮乏，那么此时，A国的货币就相较B国货币更为值钱，因为B国由于国内生产需要，愿用更多的资源产品换取A国的货币从而用来购买A国的产品和资源。

以我国为例，我们由于国内的生产需要，更多的通过中东产油国进口石油。若有一天，我们在国境内勘探出了规模更大且质量更优的油田后，必将对中东国的石油进口需求减弱，这时我国的货币就会相对于中东国货币升值。因为我们愿意支付同样容积的石油的金额更少而不是更多。

以中美两国而言，人民币对美元的汇率其实是由中国对美国（或者说世界市场，因为美元是世界通用货币）各类资源产品和美国（或者世界市场）对中国各类资源产品的供需决定的，就像一国之内的物价是由供需双方决定一样。人民币汇率就是人民币在世界市场上的价格。

改革开放初期的中国，缺少制造技术，汽车、电脑、飞机及各种机械装备皆不能造，而中国又急需这些东西以支持现代化建设，于是人民币在国际贸易中就非常便宜。原因在于，一方面，我们迫切需要美元在美国乃至世界市场购买先进的设备与技术；另一方面，外国拿到了大把的人民币却在中国市场上买不到什么他们所需要的东西。

随着中国改革开放的不断深入，中国除了能够制造飞机之外，不仅自己能够制造电脑、汽车和各类机械装备，而且能够利用这些装备和中国劳动力的优势，生产出更多日常消费的轻工产品。这样，一方面，我们并不需要更多的美元去美国购买工业产品，因而对美元的需求下降了；另一方面，美国人拿到人民币后却可以在中国买到价廉的轻工产品，因而他们对人民币的需求上升了。这一降一升，意味着对美元的需求减少和对人民币的需求增加，人民币理所当然地越来越值钱了。也就是说，随着中国经济的发展，人民币对美元的升值是一个必然趋势。

中国金融中心——上海

从国际贸易来讲，如果我们仅仅是把东西卖了出去还不够，我们还必须把赚来的美元再用到美国市场上，买回我们需要的东西，这样交换才算完成。如果只卖不买，这样的交换将促进美国人的财富增长，却没有使我们自己的财富得到相应增加。

现代社会已经进入到专业分工的时代，要真正彻底地完成两国之间的交易，既要依赖出口公司也要依赖进口公司。如果出口公司只管把产品卖到国外去，而进口公司却不愿用出口公司换回的美元来完成进口，则意味着交换并没有完成。有一条标准可以衡量汇率是否正确，那就是出口公司换回来的美元能够毫无障碍地卖给进口公司，进口公司愿意收购这些美元并全部用于进口，此时就意味着交换的彻底完成，因而这样的汇率就是正确的。

举例来说，我国一出口企业出口一批玩具至美国一企业，假设这批玩具的成本为500万人民币，美国企业欲以100万美元的价格购买。如果人民币与美元之间的汇率为8∶1，那么我国出口企业出口这样一批玩具后，盈利300万元。因为从美国企业手中获得的100万美元，会在商业银行按照8∶1的比例兑换成人民币。如果人民币升值，那么出口企业的利润空间将被压缩，若升值到5∶1以内，则出口企业在不升级自身产业结构或者压缩成本的情况下，出口这样一批玩具则面临着亏损，是一笔亏本的买卖。所以针对我国出口企业，人民币汇率越低，效益必将越好。

但是对于进口公司而言，过低的汇率意味着自身需要用更多的人民币从商业银行换取美元。美元当前是国际货币，进行国际贸易更多的是需要使用美元进行结算，所以进口企业无论是和美国企业，还是和其他国家进行贸易往来，从商业银行换取美元继而再用美元从国外进口产品，是一个必经的流程。当过低的汇率加上银行从中收取的手续费，进口企业很难有积极性去进口自己所需的资料以及产品。因为进口回来的产品在国内价格高昂，没有市场竞争力。在这种情况下，我们积累的美元资产，其实没有充分地发挥应有的作用。国企往往有大批的海外订单，但却不是市场行为。

从我国的汇率管制角度来讲，由于不是市场决定的，固定的官方汇率总是在瞬息万变的市场环境下显得僵化、呆板和滞后，无法兼顾各方利益。有利于出口企业则不利于进口企业，有利于进口企业则不利于出口企业。中间的最佳汇率，其实不应是官方设定的，而应是市场的各种要素相互交易、比较和博弈的结果，是一个动态的汇率区间。

从上面的例子来看，无论是人民币汇率定在多少，美国企业也只是付出了100万美元。我们也只能从美国市场上买回100万美元的产品。既然美国企业没有多付钱，缘何我们的出口企业可以在低汇率情况下盈利呢？多余的钱从何而来？答案就是，我国出口企业把100万美元交给商业银行按固定的汇率标准兑换来的。

商业银行兑换美元的钱，按道理应当是来自进口企业对美元的购买，这样一个国家的进出口就平衡了。可按照现在的汇率标准，进口企业根本就没有进口的积极性，美元只进不出或者多进少出，商业银行再多的钱也经不起出口企业的兑付，它们就只好把美元卖给央行，因为这个兑付标准是央行制订的。央行本没有钱，但却有印钞的权利，随着出口企业美元的不断流入，央行就开动印钞机按照美元数额的8倍（按照上述的汇率）印刷人民币向出口企业支付，然后这些人民币再通过出口企业的生产采购环节全部流入国内市场。

假设我们汇率正确的话，银行的账上就不会有太多的美元储备，因为已经被进口企业兑换走了。可事实是，我们已经聚积了3万多亿之巨的美元，这样的汇率是否正确，想必读者已经很明白了。如此之多的美元储备所对应的人民币流入国内市场，这也就是我们总感觉到人民币不断贬值的原因。

倘使汇率最终上升至市场认可的真实汇率，则广大企业都会依据真实汇率调整自己的生产行为，该出口的就出口，该进口的就进口，中国的有限的资源秉赋就不会被低价贱卖，就能得到合理高效的使用与分配，中国的产业结构才可能得到实质性调整，中国经济才可能从此凤凰涅槃浴火重生。

其实，现阶段即使缓慢升值也是权宜之计，因为，上文已述，正确的汇率最终来自于市场调节，要想提高效率，使中国经济彻底摆脱出口依赖转而促进内需，唯一的出路是取消外汇管制，破除固定汇率制度，让各种外币与人民币自由兑换，市场自会找到一条正确的汇率之途。

在人民币不断升值的过程中，就国内而言，民众面对的则是货币日益贬值的现状。这种对外升值对内贬值的现状，成为我国经济的一大“特色”。

我国在当前的国际分工中处于产业链的底端，出口产品在价格上具备较强的竞争力，但这是建立在低廉的原材料以及劳动成本的基础之上的。所以长此以往，不断加大的贸易顺差必然导致人民币升值的预期。如上文所述，随着中国经济的发展，人民币兑美元升值是大势所趋。而升值的压力在世界经济复苏乏力的当前变得愈发明显，保护主义“幽灵”始终阴魂不散。对内贬值则主要是我国的货币供应量过大，以及我国的畸形经济结构。所以，在低端的国际分工以及畸形的国内经济结构的双重作用下，一个必然的结果是民众工资过低，房价过高，国内消费不畅。接二连三的财政刺激政策，结果恰如马太效应，导致经济冷热并存，且出现冷热的极端。过多的财政刺激，加大了货币的流通量，导致人民币持续贬值。

人民币的对内贬值与对外升值，使得国内的生活成本持续上升，企业的对外竞争力逐渐减弱。所以，调整国内经济结构，成为当务之急。合理的经济结构可以合理地分配资金流向，出口导向型的经济发展模式也会在这样的纠错过程中，得以改正，继而人民币的合理估值区间才能符合我国的经济发展需求。

人民币汇率问题绝不能单从经济角度去看，虽然从趋势上看，升值没有错，但是从政府的角度去考虑，自然不希望这样的事情发生，或者不愿意看到已经取得的经济利益（产品低价格的竞争力所取得的利益）在人民币升值中被不断消解。因为如果人民币升值过快，对国内占主导地位的出口企业而言，将形成致命的打击。出口企业吸纳了我国大量的劳动力，一旦出口企业经营受阻或者破产，造成的失业问题将会异常严重。政府当前更多的是在用“不具备升值”的说法来转移矛盾，为国内经济转型争取时间，将转型的阵痛降到最低。

人民币的对内贬值对外升值，使得我们的企业，我们的普通民众戴上了越来越沉重的“枷锁”，不合理的经济结构使得这样的局面在持续恶化。值得欢欣的是，经济结构的问题，几乎已经达成共识，很多政策的出台，也都是在极力改变这种不良现状。

二、人民币国际化前路

人民币国际化在财经界而言，绝对是一个热点话题。我们更多的时候在探讨人民币何时能够戳破美元霸权的铁幕，从此在国际经济领域占有重要一席。但是，如同上文所提到的，人民币的汇率目前而言还是管制汇率，当人民币处在升值时期，周边的经常同我国进行贸易的国家才会储存人民币，因为别国会通过不断上升的人民币进行跨国购买。只有这样，才能够进一步实现人民币的区域结算，继而实现国际化。

当然，仅仅升值是不够的，更重要的在于，在汇率市场化的情况下，人民币能够进行自由兑换。只有如此，对于人民币的买卖才能够自由进行，各国对人民币的交易、结算的需求和信心才能够建立。

我国的人民币目前还不是可兑换货币。由于我国对资本项目实行严格的管制，使人民币无法成为可兑换货币，因此这就带来以下问题：

第一，不利于吸引更多的外资流入；

第二，不利于从根本上解决人民币汇率的不合理问题；

第三，不符合WTO所倡导的自由竞争、自由贸易原则、非歧视或“国民待遇”原则；

第四，不利于中国的价格体系同国际市场的价格体系、中国市场同国际市场、中国经济同国际经济真正融合在一起；

第五，在实现货币经常项目可兑换的同时对资本项目进行管制，必然导致利用制度上的漏洞进行资本外逃的行为，即我们常言的“热钱洗劫”。

人民币国际化路在何方

实现人民币可兑换能通过本国货币与外币的价值比较，形成市场均衡汇率，把国内外市场价格信号更直接、更及时、更准确地反映出来。因此，只有实现人民币的可兑换才能真正使中国经济同国际经济融合在一起，使国内价格体系逐步同国际市场价格体系实现合理衔接。只有实现人民币的完全可兑换，才能为外商提供更好的投资环境（使外商能随时汇出其投资利润），从而不断吸引更多的外资流入。

资本项目可兑换，很容易让人联想起热钱、游资这些国际资本流动带来的冲击，人们存在着各种担心和质疑。

热钱冲击、游资猖獗，此类说法其实并不严谨，其更多的是为我们裹足不前的资本项目放开在推脱。试想，热钱缘何只看重资本项目受到严控的中国？又为何开放的市场经济体在受到所谓的热钱冲击后，依旧执著地继续开放自身呢？答案似乎同我们以往的想象不甚相同。

资本项目可兑换改革“牵一发而动全身”。中国经济存在诸多分割和保护，造成效率低下。改革进入深水区，面临既得利益集团的巨大阻力，动谁的奶酪都难。资本项目可兑换，本身既是开放又是改革的内容，还能促动、倒逼其他领域的改革，抑制寻租行为和套利空间，消除过度保护和垄断。

中国与美国是世界上最受瞩目的两大经济体，不仅国人对人民币的国际化寄予厚望，而且国际社会也普遍对人民币存有期待。如今，人民币在周边地区开始发挥越来越重要的作用。中蒙边境贸易基本以人民币结算，中越边境贸易的90%以人民币结算，马来西亚、韩国中央银行已将人民币作为其储备货币之一，而在中亚五国、俄罗斯地区和巴基斯坦，人民币每年的跨境流通量已达20亿～30亿元人民币。

从这个意义上来讲，人民币还不是一个被广泛接受的记账单位，人民币作为一个交易手段，使用范围还是非常狭窄，也只是涉及中国跟周边国家的一些边境贸易，人民币还远没有在大量的国际经济活动中被使用。

人民币若要成为一个国际贸易活动中的交易媒介，不仅仅涉及中国作为一个贸易大国的地位，更多还涉及我们的金融系统能否提供有效的金融服务。

人民币国际化的问题，其实不仅限于金融领域，而且深入到政治领域。很多经济学家或者是没有看清这一点，或者是回避而不谈。其实，人民币能否国际化，经济只是一个影响因素而已。更长远一点来讲，人民币国际化的进度，反映出了国际社会对人民币的信心。这就涉及更多的内容，包括高效廉洁的政府、市场化的经济制度、稳健独立的法制体系以及自由开放的新闻媒体。

由此来看，我们的改革提上日程，是顺应了时代的潮流。人民币国际化背后，考验的是政府信用，甚至与我们的政改息息相关。只有走向全球化的政体制度，才能更好地融入世界，也才能获得更多的国家的尊敬和认可。

国际货币制度

国际货币制度是支配各国货币关系的规则以及国际间进行各种交易支付所依据的一套安排和惯例。

国际货币制度一般包括三个方面的内容：

① 国际储备资产的确定；

② 汇率制度的安排；

③ 国际收支的调节方式。

迄今为止，国际货币制度经历了从国际金本位制到布雷顿森林体系再到牙买加体系的演变过程。

世界上首次出现的国际货币制度是国际金本位制，1880~1914年的35年间是国际金本位制的黄金时代。在这种制度下，黄金充当国际货币，各国货币之间的汇率由它们各自的含金量比例决定，黄金可以在各国间自由输出输入，在“黄金输送点”的作用下，汇率相对平稳，国际收支具有自动调节的机制。由于1914年第一次世界大战爆发，各参战国纷纷禁止黄金输出和纸币停止兑换黄金，国际金本位制受到严重削弱，之后虽改行金块本位制或金汇兑本位制，但因其自身的不稳定性都未能持久。在1929~1933年的经济大危机冲击下，国际金本位制终于瓦解。随后，国际货币制度一片混乱，直至1944年重建新的国际货币制度——布雷顿森林体系。

第二次世界大战爆发后，资本主义世界各国都出现了剧烈的通货膨胀。战后，欧洲各国经济实力大大削弱，美国成为世界第一大国，黄金储备迅速增长，约占当时资本主义各国黄金储备的3/4。西欧各国为弥补巨额贸易逆差需要大量美元，出现了美元荒。国际收支大量逆差和黄金外汇储备不足，导致多数国家加强了外汇管制，对美国的对外扩张形成严重障碍，美国力图使西欧各国货币恢复自由兑换，并为此寻求有效措施。

1944年7月在美国新罕布什尔州的布雷顿森林召开由44国参加的“联合国联盟国家国际货币金融会议”，通过了以“怀特计划”为基础的《国际货币基金协定》和《国际复兴开发银行协定》，总称《布雷顿森林协定》。这个协定建立了以美元为中心的资本主义货币体系。布雷顿森林体系的主要内容是：

① 以黄金作为基础，以美元作为最主要的国际储备货币，实行“双挂钩”的国际货币体系，即美元与黄金直接挂钩，其他国家的货币与美元挂钩。

② 实行固定汇率制。

③ 国际货币基金组织通过预先安排的资金融通措施，保证向会员国提供辅助性储备供应。

④ 会员国不得限制经常性项目的支付，不得采取歧视性的货币措施。这个货币体系实际上是美元—黄金本位制，也是一个变相的国际金汇兑本位制。

以美元为中心的布雷顿森林体系，对第二次世界大战后资本主义经济发展起到过积极作用。但是随着时间的推移，布雷顿森林体系的种种缺陷也渐渐地暴露出来。20世纪60年代以后，美国外汇收支逆差大量出现，黄金储备大量外流，导致美元危机不断发生。1971年8月15日美国公开放弃金本位，同年12月美国又宣布美元对黄金贬值，1972年6月到1973年初，美元又爆发两次危机，同年3月12日美国政府再次将美元贬值。1974年4月1日起，国际协定上正式排除货币与黄金的固定关系，以美元为中心的布雷顿森林体系彻底瓦解。

布雷顿森林体系崩溃后，国际货币制度又一次陷于混乱，导致国际金融形势动荡不安。1976年1月，国际货币基金组织“国际货币制度临时委员会”在牙买加举行会议，达成了著名的《牙买加协定》。同年4月，国际货币基金组织理事会通过《国际货币基金协定第二次修正案》，并于1978年4月1日正式生效，从而形成了新的国际货币制度牙买加体系。

牙买加体系的实行，对于维持国际经济运转和推动世界经济发展发挥了积极的作用。但是牙买加体系并非是理想的国际货币制度，它目前仍存在着一些缺陷，国际货币制度仍有待于进一步改革和完善。

第11章
共同的生存环境

Reform and Hope

我国30年来快速工业化和城镇化，是环境恶化的始作俑者。正是由于这样的高耗能、高排放、高污染发展模式的延续，使得我们不得不挥手作别昔日的美好。当然，随着城市化的不断加速，规模的不断扩大，能源消费量和以煤为主的能源结构持续得到强化，绿色发展路途艰难且漫长。

一、环境问题何以至此

随着我国经济的不断发展，伴着惹眼的宏观数字增长，我们共同的生存环境正在不断恶化，从漫天的尘埃以及变浊的水源等便可见一斑。在探讨环境问题之前，我们不妨先来看看曾经一度美丽的乡村在近年来所呈现出来的状态。

镜头一

湖北潜江市某村，环境的污染让村民们生活在疾病和恐慌之中。化工厂大量污水排放至河里，致使河水变黑变质，用其浇灌，庄稼也会死。一些经济条件好的村民只能逃离村庄，到外面租住，村里个把月大小的婴儿，也都寄养在外地亲戚家，稍大一些的孩子，晚上都是戴着口罩、耳塞睡觉……

镜头二

河南巩义市某村化工厂的大烟囱所排放的雪粒状污染物，严重影响着村民生产生活。村子麦地里裸露的田埂不是黄色，而是蒙了一层小雪粒般的灰白色东西，村民的房顶上看上去也像是下了一场“大雪”，但这些“大雪”是指甲盖大小的灰块，脆硬，用手一捻能捻成灰。距村口不足10米远的地方是一个小化工厂，“大雪”就是从这个工厂的大烟囱里飘出来的。

该村村民介绍，自从这座化工厂在其村建厂后，村民的安静生活便被打乱，“木门换成铝合金门，竹帘换成皮帘子，但家里还是到处落粉灰，打扫不净，晚上又吵得厉害，根本没法住”。土地亩产从年产量1000斤小麦、800斤玉米到近乎绝收。

这是我国在城镇化进程中绝大多数农村的缩影。城市的发展和扩大，重污染的工厂便会迁往郊区或者村镇结合区，“净化”了城市，但污染了一个个美丽的村落。巩义市西村镇张沟村的“大雪”，积压在草木上，积压在该村村民朴实的肩膀上、心田间。随着我国城镇化如火如荼的发展以及村落的持续衰败，越来越多的年轻劳力走出村庄，涌向城市。绝大部分村庄留下的均是老人和孩童。

以上两个例子，冷冰冰的现实，不得不让我们重新审视我们环境问题的紧迫性，唯有如此我们才能认真地反思过往，并对症下药，改善我们的家园。整体而言，我们生活在这片大地上，这里的每一寸土地，都是我们家园的一部分。保卫大家园，也就是保护我们自己的生存环境。

说到这里，一个令人望而生畏的词汇浮现在我们脑海中——“癌症村”。

癌症村是一种在改革开放后在中国大陆出现的群体疾病现象。由于环境污染，上游企业排出的未经处理的污水，造成某一村庄大规模的癌症病发。在中国学界与媒体指称污染地区居民承受较高罹癌率多年后，我国环保部在2013年2月官方文件首度承认中国存在“癌症村”。中国民间专家估计，若包括非官方数据资料，全中国大陆的癌症村约459个，且有逐渐往中国中西部扩散的趋势。

往日的美景，已经随着时间的推移，变得惊悚触目。美丽的乡村已经是历史的记忆，来自生活、生产过程的污染正在消磨人们对于美丽故乡的愿景。当村子里的大树一棵棵倒下，代之而起的是一栋栋楼房；当一片片山花烂漫的山坡被连天的黑烟所分割；当一条条河流被生活、工业污水所接管，繁华城镇里的商品与人流车流交集而生的“现代化”，就是我们想要的进步与发展？在那里，一个个被现代都市“腐蚀”并遗忘的角落，依稀倔强生存着的村民们，爬满皱纹的沧桑面容间，流露出的是对现实生活的不满，干渴嘶哑的嗓音里，是对未来公平社会的深深呐喊。

村庄如此，难道我们的城市生活就好很多吗？我们通过亚洲开发银行与清华大学众多专家完成的《中国环境分析》便可有个整体的认知。亚行与众多专家对城市大气中的总悬浮颗粒物、二氧化硫、二氧化氮3种完全污染物的浓度进行了测定，据此，报告发布了全球10大污染城市，分别是太原、米兰、北京、乌鲁木齐、墨西哥城、兰州、重庆、济南、石家庄、德黑兰。在全球10大污染城市中，中国有7个城市入榜。

我们姑且不论该项报告的准确性，但是中国这7个城市是高污染城市已经毋庸置疑。而且，中国可以与之比肩的城市，还有很多。在我国越来越多、越来越高的大厦拔地而起的同时，我们人人均承受着越来越严重的污染带给我们健康的

阴霾笼罩着的北京城

威胁。短期的效益与长期的生存环境的恶化，成为我们这个时代的主旋律。当我们生活的天空变暗，当我们饮用的水质变差……这样的现状的继续，将会导致健康生活不可企及。

我们往昔清澈的河水哪里去了？我们记忆中的蓝天哪里去了？……

在这一声声的质问当中，我们更要问，发展的目的究竟是什么？因为欲望的无限，使得这样的不计后果的发展必定难以持久。表面的繁华下面，是羸弱的地基。发展的目的应当在于让每个人更好地生活，而不是让众人沉沦在已经被攻陷的生态怪圈中，每日为着健康而担惊受怕。

我国的自主性纠错机制缘何如此欠缺？每每是通过媒体的披露，将我国的实际与国际进行对比后，民众方如梦初醒，改变现状的呼声才渐次升温。这不是一个合理的纠错机制，合理的机制应当是防患于未然。在政策制定前，就应当客观地、全面地论证其可行性，并在实施过程中严格监督。我们的改善举措过于滞后和木讷，仿佛更多的在于安抚民众，而非真正为民众谋利益。

二、雾霾滚滚而来

2013年以来，我国多地出现雾霾天气，尤其是长三角、珠三角和京、津、冀、鲁等区域，大气污染程度十分严重。以北京为例，2013年1月，仅有5天不是雾霾天。据北京市气象台统计，首都如此密集的雾霾天气为1954年以来同期最多。

遥想2008年北京奥运会期间，当时北京市环保局宣布奥运会开幕期间空气质量天天达标，一级天占50%以上。这个数据基本和北京市民在奥运会期间的切身感受接近。遗憾的是，仅仅过了3年多时间，环绕我们周身的空气质量便这般恶劣。2011年9月26日，根据世界卫生组织公布的空气质量数据汇总，北京的空气质量在91个国家近1100座城市中排名第1036位。2011年尚且如此，如今的境况更是让人不忍细看。

美国国家航空航天局（NASA）2010年9月公布了一张全球空气质量地图，专门展示世界各地细颗粒物的密度。地图由达尔豪斯大学的两位研究人员制作，他们根据NASA的两台卫星监测仪的监测结果，绘制了一张显示出2001年至2006年细颗粒物平均值的地图。在这张图上，全球细颗粒物最高的地区在北非和中国的华北、华东、华中全部。世界卫生组织（WHO）认为，细颗粒物小于10是安全值，而中国的这些地区全部高于50接近80，比撒哈拉沙漠还要高很多。

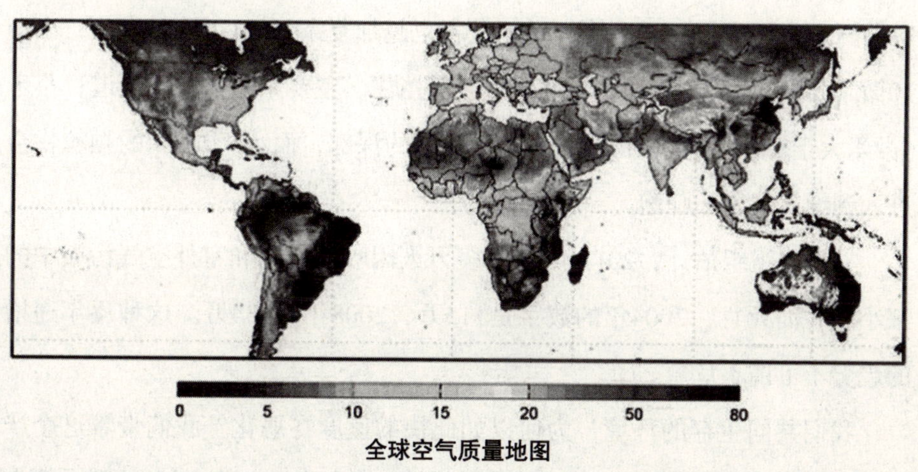

全球空气质量地图

2013年以来，我国中东部大部分地区持续遭遇严重的雾霾天气，造成了严重的空气污染，多地PM2.5值濒临“爆表”，北京城区PM2.5值曾一度逼近1000。根据PM2.5检测网的空气质量标准，24小时平均值标准值分布大抵情况为：

优：0～35；

良：35～75；

轻度污染：75～115；

中度污染：115～150；

重度污染：150～250；

严重污染：250以上。

以上的数字单位均为微克每立方米。

PM2.5的标准，是由美国在1997年提出的，主要是为了更有效地监测随着工业化日益发达而出现的、在旧标准中被忽略的对人体有害的细小颗粒物。PM2.5指数已经成为一个重要的测控空气污染程度的指数。PM2.5重在测量大气中直径小于或等于2.5微米的颗粒物。其实，越是细小的颗粒，越容易深入人体内部，对人体产生的危害也越加复杂。PM10被吸入后，小于10微米大于5微米的颗粒物会被上呼吸道挡住，主要累积在上呼吸道；小于5微米大于2微米的颗粒物会进入到呼吸道的深部，而小于2微米的颗粒物会进入到细支气管和肺泡。

据世卫组织估计，2011年有200多万人因吸入室内和室外空气污染中的细小颗粒而死亡，2004年的数字是115万，2008年是134万。这种逐年递增的趋势不可谓不危急。

我们共同生存的环境，为何以如此快的速度在恶化？我们带着这个严肃的问题来质问自己。有一句话说得很好，我们怎么对待别人，别人便会怎么对待我们！这句话用来解释上述的质问异常形象。我们这一路走来，究竟是怎么对待自己生存的环境的？

我国30年来快速工业化和城镇化，是环境恶化的始作俑者。正是由于这样的高耗能、高排放、高污染发展模式的延续，使得我们不得不挥手作别昔日的美好。当然，随着城市化的不断加速，规模的不断扩大，能源消费量和以煤为主的能源结构持续得到强化，绿色发展路途艰难且漫长。另外，在油品质量不高的前提下，大幅增加的城市机动车尾气排放，也在环境污染方面难辞其咎。

说到这里，我们似乎看到了当年“雾都”——伦敦的影子！

早在中世纪，伦敦就开始出现煤烟污染大气的问题，当时的英国国会还颁布过国会开会期间禁止工匠使用煤炭的法令。由煤支撑的工业革命开始以后，由于工厂大多建在市内，居民家庭又大量烧煤取暖，煤烟排放量更是急剧增加。在无风的季节，烟尘与雾混合变成黄黑色，经常在城市上空笼罩多天不散，形成曾经客居伦敦的老舍先生描绘过的“乌黑的、浑黄的、绛紫的，以致辛辣的、呛人的”伦敦雾。

1952年12月5日至9日，浓雾一直笼罩着伦敦。一场持续4天的大雾对于雾都伦敦来说并不罕见，然而4000居民的丧生却让这场雾写入了环境科学的教科书，这就是著名的伦敦烟雾事件。大雾过后，伦敦居民的死亡率仍然高于正常水平，这一情况一直延续到次年的3月。找出导致这场悲剧的原因并不困难，当时的伦敦由于大量烧煤空气污染严重，已经设置了12个空气污染监测点，每天测定空气中煤烟和二氧化硫的浓度。在起大雾的那4天，这两种污染物的浓度比平时高出了4～5倍。

1952年的灾难让伦敦人决心走出迷雾：1956年，英国政府颁布世界首部《清洁空气法案》，城区内开始设立无烟区，发电厂和重工业等污染大户迁往郊区；1968年又一次颁布法案，要求工业企业建造更高的烟囱，以利于污染物的疏散。1965年以后的伦敦，有毒烟雾已经绝迹。1975年，伦敦的雾日由每年几十天减少到了15天，1980年降到5天。“雾都”称号终于不再名副其实。但是，伦敦治污到此并没有完结。从20世纪80年代开始，数量持续增加的汽车取代煤成为英国大气的主要污染源。起初人们主要关注汽油的铅污染对人体健康的影响，无铅汽油逐渐受到重视。到80年代末、90年代初，汽车排放的其他污染物如氮氧化物、一氧化碳、不稳定有机化合物也成为人们密切关注的对象。为此，英国于1997年设立了必须在2005年前实现的污染控制定量目标，要求工业部门、交通管理部门和地方政府共同努力，减少一氧化碳、氮氧化物、二氧化硫等8种常见污染物的排放量。

2001年1月30日，伦敦市发布了《空气质量战略草案》。市政府将大力扶持公共交通，目标是到2010年把市中心的交通流量减少10%到15%。伦敦还将鼓励居民购买排气量小的汽车，推广高效率、清洁的发动机技术以及使用天然气、电力或燃料电池的低污染汽车。

由此可知，我们正在走英国之前工业化发展的老路，伦敦城的“雾都”头衔的易主，与我们而言，并不是一件多么光彩的事情。

仔细观察我们所生活的地方，环境污染并不止于空气。事实上，近段时间一连串报道指出，中国的水资源、土壤等最基本的环境要素，都处于重度污染之中。日前有关部门对118个城市连续监测数据显示，约有64%的城市地下水遭受严重污染，33%的地下水受到轻度污染，基本清洁的城市地下水只有3%。财新《新世纪》周刊则指出，早在2006年，中国环保部发布的数据即表明，中国是全球土壤污染最严重的国家之一。据不完全调查，中国受污染的耕地约有1.5万亩，另有污水灌溉耕地3250万亩，固体废弃物堆存占地和毁田200万亩。三者合计1.85亿亩，占中国耕地总量十分之一以上。而这还是上世纪90年代末的数字，当前土壤污染数据肯定高于十多年前。

以史为鉴，发达国家在经济发展过程中也曾遭遇过类似环境危机。除了前述的伦敦，日本在20世纪五六十年代水俣湾汞污染事件也曾震惊世界，遗祸直至20世纪80年代末才逐步消除。但与发达国家不同的是，我国的环境污染来得太早、太快。

早在1973年，在时任总理周恩来的推动下，中国便召开了第一次全国环境保护会议，出台实施《关于保护和改善环境的若干规定》，但并没有阻止中国生态环境的恶化。今时不同往日，没有那么充足的回转余地，可以“先污染，后治理”。红色警报已经在全国响起，中国的环境保护刻不容缓，并将为此付出极高的经济成本和社会成本。

三、有害食品夺人性命

2008年9月，中国爆发三鹿婴幼儿奶粉受污染事件，导致食用了受污染奶粉的婴幼儿产生肾结石病症，其原因是奶粉中含有超标有机化合物——三聚氰胺。据医学专家介绍，三聚氰胺是一种低毒性化工产品，婴幼儿大量摄入会引起泌尿系统疾患。由于这种未达标的奶粉在国内市场占有很大比重，商家对消费者如此戏谑，引起众怒。

国家质检总局在全国开展的婴幼儿奶粉三聚氰胺含量专项检查显示，类似的乳制品不仅出现在三鹿品牌中，还包括雅士利、伊利、蒙牛、圣元等国内知名婴幼儿奶粉品牌，这让不少消费者唏嘘不已。三鹿仅仅是我国乳制品市场的一个品牌，在这个行业的无序和恶性竞争中，不断降低的准绳与不断聚敛的财富勾勒出了这个行业的为人不齿的冰冷现实。

2008年的最后一天，田文华等4名原三鹿集团的高管走进石家庄市中级人民法院的大审判庭，接受法律的审判。此前，三鹿问题奶粉系列刑事案件中的被告人已陆续出庭受审。曾经风光无限的中国乳业巨头三鹿集团也在一片慨叹声中走向破产。

经常听到一句话，是以日本为例的，那就是：一杯牛奶强健一个民族！我们当然不相信仅仅通过牛奶，一个民族就能够强盛，更何况还是20世纪中叶的世界大战战败国。其实，牛奶是一个缩影。在一杯牛奶强健一个民族的背后，更多的反映出这个国家对待民众的责任和义务，这是社会良性运转的体现。正是这种责任感，使得这个民族被世界所接受和认可，不仅在经济上为世界的发展作出了贡献，在科学、文学等很多方面，这个民族均表现不俗。

牛奶，可以强健一个民族，亦可以被不法商贩用来谋取私利而不用承担过多的成本和责罚。我们的含有三聚氰胺的奶粉，自然无法销售到国外，因为国外对食品安全监测与我们完全不是一个标准。那么，是不是由于中国国内市场过大、消费潜力无限、民众对健康的概念过于漠视，才纵容商贩不思进取，以有毒的食品来愚弄百姓呢？

不断被媒体曝光的有害消费者健康的不仅仅在于乳制品领域，覆盖范围之广令人咂舌。地沟油、瘦肉精等不一而足。我们不禁要问，究竟当前还有什么东西可以让我们放心食用呢？在步步惊心的食品市场上，我们提心吊胆、如履薄冰，越来越多的人，为了自己的安全，为了下一代的健康，已经对现存社会的食品表现出了越来越多的不信任。背后折射出的，是对政府公信力失去信心，对社会良知的泯灭感到悲愤和无奈。

我们究竟要用什么来“浇灌”祖国的未来花朵？看着周边那么多美好、可爱的孩子们，我们真心地祝福他们能够茁壮成长，他们是祖国的未来，也是我们共同的未来。正所谓，己所不欲，勿施于人。我们愿意面对怎么样的生存环境，就应当为他们营造怎样的生存环境。

为了他们，也是为了我们自己！

第12章 财税改革刻不容缓

Urgent Reform

当前中国财税改革面临的主要阻力，毋庸讳言，就是现行财税体制培育的特权阶层及其既得利益集团和群体，而且这些既得利益集团或群体，早已开始固化，他们大多通过违背公正平等基本原则，过多地占有和享用了社会其他群体创造的物质财富和精神财富。

一、我国财政体制的变迁

我国财政管理体制自1949年以来，伴随各时期经济形势的发展变化，相应发生了变化。从1949年新中国成立开始到1993年实行分税制，其变化轨迹可描述为中央集权型“统收统支”体制——行政性分权型“财政包干”体制——与国际惯例接轨分权型“分税制”和公共财政体制。循此轨迹，我国财政管理体制基本经历了七个发展阶段。

第一阶段：建国初期。当时全国的经济形势是国民党政府扔下的民生凋蔽、通货膨胀、生产停顿、经济几近崩溃的烂摊子。为发展生产，恢复经济，克服财政困难，只能实行高度集中的财政管理体制。由中央政府集中掌握国家收入与支出的支配权，即所谓的“统收统支”的财政管理制度。这一制度的实行，充分发挥了财政的分配与监督职能，有效制止了通货膨胀，稳定了全国的金融形势，平衡了财政收支，促使国民经济很快走上了恢复性发展之路。

第二阶段：“一五”时期。1953年，我国开始进入第一个五年计划时期，其标志为国民经济已由恢复转向有计划地开展大规模建设。为适应这一时期经济的发展需要，我国在财政管理上一改过去的“统收统支”制度，实行中央、省（市）和县（市）三级管理财政。具体是把地方收入划分三类：一类为地方固定收入，包括地方企业、事业收入、地方税收和其他收入；二类为固定比例分成收入，主要是农业税、工商营业税和工商所得税；三类为调剂收入，主要是商品流通税和货物税。至于支出，基本按照企业、事业和行政单位的隶属关系，划分各级财政的支出范围。三级管理的结果，使地方财政有了比较稳定的收入来源。

虽然这时的财政管理体制已由过去的高度集中转向在中央统一领导下的分级管理，但主导方面仍然倾向于集中。举一国之力，集中办大事，已成为当时上下的共识。

第三阶段：“大跃进”时期（1958～1959年）。从1958年开始，我国进入第二个五年计划时期。这时国家的经济体制有较大改革，着力于扩大地方权限，财政自然也相应做了改革。中央部分企业下放地方，收入归地方，支出也随之下放，实行“以收定支”确定收支比例，五年不变。结果，由于大跃进的干扰破坏，这一改革只实行了一年即告中止。当时由于下放过多，造成财力过于分散，又由于浮夸风造成财政收入的“泡沫”，这样，原来确立的“以收定支”难以为继，只好改成“总额分成”。

第四阶段：国民经济调整时期（1961～1966年）。为克服“大跃进”时期“左”的干扰，国家对经济调整，实行“调整、巩固、充实、提高”八字方针。经济管理权集中于中央、中央派出的各大区局和省（市）三级，但主要集中于中央和中央局。与此相适应的，财政管理也实行集中方式，强调“全国一盘棋”，要“上下一本账”，要求各级财政预算安排必须逐级落实，坚持做到“当年收支平衡，略有结余”，“不打赤字预算”，整顿预算外资金。由于加强了财政集中统一管理，有力地保证了国民经济三年调整任务的顺利完成。

第五阶段：“文革”时期。当时由于国民经济秩序十分混乱，财政管理亦然。1970年，国务院提出第四个五年计划《纲要》，对经济体制进行改革。1971年开始实行企业下放，财政收支搞“大包干”。这样实行的结果并不好，像大庆油田、鞍钢、第一汽车厂等这些大型企业均下放给地方，中央几乎没有直属企业，无法统筹安排，而地方囿于财力与能力又没办法管好这些大企业，地方负担由此加重，“收支大包干”没有达到预期效果。

不过，在此之后，即1978年改革开放后，为了加速实行社会主义现代化建设，财政体制进行了一系列的改革，主要是围绕中央与地方、国家与企业的关系进行，并以后者为重点。在中央与地方的财政关系方面，扩大了地方的财权，加强了地方理财的责任心，体现了责、权、利相结合的原则。在国家与企业的财政关系方面，改变国家对企业统得过死的状况，扩大企业的自主权。其后，在总结经验的基础上，把企业上缴利润的制度逐步改为向企业征收所得税，企业纳税后的利润归企业自行支配使用。通过征收所得税，用法律形式把国家与企业的分配关系固定下来，既保证了国家财政收入的稳定增长，又进一步发挥了税收调节经济的杠杆作用，从而有利于建立和健全企业内部的经济责任制，落实扩大企业自主权的各项措施，充分发挥企业和职工的积极性。在固定资产投资管理体制方面，把财政无偿拨款供应基本建设资金改为通过建设银行有息贷款，定期偿还，并推行投资包干制，明确建设单位和施工单位的经济责任，进一步调动其完成国家计划投资的积极性。对行政、事业单位的经费也开始推行包干使用、节余分成的办法，促使其在完成规定任务的前提下努力节省经费开支。

第六阶段：国民经济第二次调整时期（1980~1984年）。这一时期国家实行“调整、改革、整顿、提高”新八字方针。在财政上，1980年开始实行“划分收支，分级包干（分灶吃饭）”的财政管理体制：明确划分中央和地方财政的收支范围，规定中央所属企业收入、关税收入和中央其他收入，归中央财政；中央的基本建设投资、中央企业的流动资金、国防战备费、对外援助、中央级的事业费等支出，统归中央负责。地方所属企业的收入、纳税、农牧业税、工商所得税、地方税和地方其他收入，归地方财政，地方的基本建设投资、地方企业流动资金、支援农业支出、地方各项事业费、抚恤和社会救济及地方行政管理费等，统由地方财政支出。这一管理体制对地方得益较多。因为要确定地方财政收支包干基数，凡是地方收入大于支出的地区，按比例上交；支出大于收入的地区，从工商税中按比例留给地方，作为调剂收入；如有的地区，工商税全部留给地方，收入仍小于支出的，不足部分由中央财政给予定额补助。分成比例或补助数额确定后，原则上五年不变。后来中央根据实际情况又将“划分收支，分级包干”的办法逐步改为“总额分成比例包干”的办法，即按地方收入总额同支出基数，求出一个分成比例，按此比例，划分中央和地方收入。

第七阶段：我国市场经济初创时期（1985~1993年）。中央总结了以往经验，在大部分省、自治区、直辖市实行“划分税种、核定收支、分级包干”的财政管理体制。这一体制在搞活地方经济建设上，确实起了很大作用。不过也有一些问题，主要是那些收入较多而上缴比例大的地区，积极性不高，个别地区因此出现收入下降趋势。有鉴于此，国务院于1993年12月15日决定，从1994年1月1日起，改革地方财政包干制度，对各省、自治区、直辖市和计划单列市实行“分税制”的财政管理体制。

二、冲动的土地财政

回顾我国几十年来的财政体制变迁，其实质就是处理中央政府与地方政府之间，以及地方各级政府间财政分配关系的一项基本制度，核心问题是明确各级政府之间支出责任和收入划分，以及转移支付制度等。

目前，中国地方政府财政收入来源主要包括三大部分：预算内财政收入、预算外财政收入和政府性基金收入。预算外收入中占比最大的是土地出让金收入。从预算角度来看，我国的分税制在实施中并未取消预算外资金的存在，当税收收入增长难以弥补大量支出的压力时，面对财政赤字，各级地方政府就尽可能通过扩张预算外收入来增加自己的可支配财力。2003年以来，“土地财政”逐渐成为地方政府收入的一个主要来源。2003～2012年，土地转让金与地方本级财政收入的比例平均为50%。2010年最高达到72%。

“土地财政”具有较高的杠杆率。在现行土地制度下，地方政府对土地资源配置起着绝对控制和支配作用。由于土地出让金可使地方政府将以后50年、70年的土地收益一次性收取，必然造成地方政府运用各种手段多卖地、快卖地、早卖地、贱卖地，甚至不惜顶风违法用地。地方政府通过土地融资“以小搏大”，金融、财政风险加剧地方政府通过设立地方融资平台等方式推动地方投资建设，保持地方经济高速发展和各项投资项目支出，也积累了庞大的债务规模和融资利息偿还金。

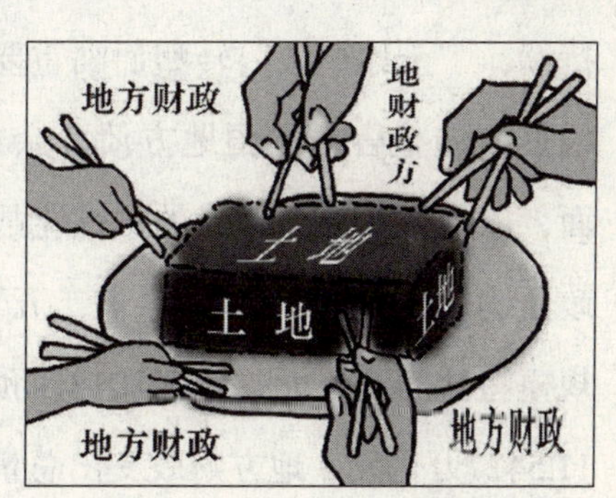

国家审计署公布的审计结果显示，截至2012年底，36个地方本级政府性债务余额为38475.81亿元，比2010年增加4409.81亿元，增长了12.94%。

虽然从债务余额增长速度来看，地方债务两年只增长了12.94%，低于同期GDP和财政收入增长速度，但从当年举债规模占全部债务的比重来看，2010年及以前年度举借20748.79亿元，占53.93%；2011年举借 6307.40亿元，占16.39%；2012年举借11419.62亿元，占29.68%，高于GDP和财政收入增长速度。绝大多数地方都是以新债还旧债，并不断扩大政府债务规模。

地方债务如此膨胀，且没有任何风险意识，除政绩需要透支未来之外，与政府债务和财税体制的关系扭曲，也是完全分不开的。

众所周知，1994年推行的分税制，当时是符合经济社会发展要求的，但此后没有对财税体制作任何调整。2003年放开房地产市场，逐渐形成了公共财政和土地财政两套运行体系，且土地财政的功能作用被地方政府发挥到了极致，公共财政的功能作用大大弱化，分税制的作用也基本处于负面和消极状态，导致政府债务和财税体制的关系严重扭曲，债务的增长也完全不受财税体制的约束。

近两年越来越多的事实表明，中国的“土地财政依赖”模式已经难以持续，“土地财政”转型面临重要拐点，地方政府的债务风险不断攀升。根据穆迪报告，中国地方债务余额已经达到12万亿元左右。但是另一方面，以地方政府为主导的城镇化战略提速也给地方政府带来了非常大的财政压力。据相关测算，“十二五”期间城镇化催生的地方政府公共投资规模将达30万亿元，根据2013年预算草案报告，2013年地方财政收入合计11.5427万亿元，地方财政支出总量为11.8927万亿元，地方财政收支差额达到3500亿元。特别是2010年以来，随着中央一系列房地产调控政策的“落地”以及土地拆迁成本的大幅上升，土地出让收入不断减少，导致与土地相关的地方财政收入持续下降。在地方政府财力有限的情况下，如此巨额的资金来源便不言而喻。土地财政将是缓解地方政府压力的主要手段。

所以，就目前来看，土地财政在新型城镇化建设中，还在继续蓬勃发展。而能否改变土地财政的恶性循环，成为考验新一届政府的关键所在。

三、财政资源分配亟待公平化

我国目前的财政资源存在歧视性分配的问题。之所以存在今天这般贫富差距，除了市场本身的马太效应以外，更重要的还在于财政资源分配加重了一部分人更好、一部分人更差的境况。前面章节中，我们就初次分配、再分配相关问题作了阐述，其实再分配，就是要更好地对财政资源进行分配，而我们的现状是，带有歧视性的财政资源分配，加重了原有的不均和不公。

以住房为例，我们城市保障房主要是针对户籍人口，外来就业人口很难受惠。医疗更是面向城市人口，特别是向体制内倾斜，社会保障体系也是如此。

这一切就大大加剧了我们整个财产和收入分配的不平等。客观地说，这一点是跟我们国家的计划经济历史相关联的，因为我们从计划经济时代起就偏重城市户籍人口。当年很困难的时候，城市户籍人口有布票、粮票、油票，保证了至少最基本的供应，但是其他人是没有的。我们的公共医疗资源主要是集中在城市，而且主要是集中在体制内。所有这些过去习以为常的东西，跟我们财政体制都是有关系的。其他国家的财政资源的分配可以减弱市场本身分配所造成的差距，而我们的财政分配从整体上强化了资源分配的不平等，这是我们财政体制的一个主要问题。

当然，这个问题改起来非常不容易。因为财政体制现在的分配完全是有利于城市居民的，特别是完全是有利于体制内的。体制内绝不仅仅是几百万公务员，更有文教、卫生、新闻出版等好几千万事业单位的从业人员，加上家属人就更多。改革会触动巨大的既得利益，难度很大。所以，我们财政资源歧视性分配，严重地强化了我们的贫富差距。

如果我们对这一问题进行深入挖掘的话，便会明白，当前危害最大、引起收入分配严重失衡、形成社会矛盾焦点的是腐败导致的非法收入和灰色收入问题。要解决这些问题，反腐是当前要务。但腐败问题与我国现行财税体制一些严重缺陷直接相关。这些体制缺陷对行政管理产生不良的利益诱导，对一些官员具有很大的腐蚀作用，也直接导致公共资源的浪费及低效率的分配和使用。因此只有通过财税体制改革消除这些弊端，才能从根源上杜绝腐败，进而为实现社会公平迈出关键性一步。

腐败问题与公共资金及资源收益的流失及不合理分配密不可分。2011年，我国财政收入超过10万亿元，加上土地出让收入、其他政府性基金和社保基金收入、中央国有资本经营收入，合计超过17万亿元，占GDP的36%。另外，政府和国有企业投资大量使用银行贷款和股市资金，它们实际支配的资金规模远高于以上数字。但与发达国家相比，我国财政体制的主要问题不在于政府收入过大，而是支出结构不合理；政府自身消费过大，一般行政管理支出过高，公共服务支出相对不足。而且由于制度不健全和缺乏监督，还导致了公共支出中资金大量流失和挥霍浪费，由此也形成了一批靠公共权力致富的人群。以下几个方面问题非常突出：

其一，根据计算，我国财政支出中，广义行政管理费约占财政支出总额的25%左右（未包括土地出让和其他政府收入中用于这方面的支出），而大多数发达国家该项比例只有百分之十几。我国的广义行政管理费占财政支出的比例比发达国家高出大约十个百分点左右，仅此一项一年多支出约1万亿元，挥霍浪费和流失严重。这其中，因为透明度低和缺乏监督，“三公消费”支出数额巨大；另一方面各级党政机构臃肿庞大和行政支出无标准、无节制，也耗费了大量公共资源。

其二，政府投资和其他政府支出项目漏洞巨大。2011年，国有单位和国有控股企业投资10.8万亿元，这不仅涉及财政资金，还在更大程度上涉及银行贷款和其他公共资金。许多政府投资项目的案例显示，虚假招标、幕后交易、层层转包、收受回扣、以次充好等现象相当普遍，导致公共资金大量流失和豆腐渣工程层出不穷。如果按投资总额10%的流失计算，公共投资资金每年流失超过万亿元，而许多案例显示的实际情况更加严重。

其三，相关税制缺失，导致资源性和垄断性收益的不合理分配。2011年，石油、煤炭、有色金属采矿业利润合计接近1万亿元。其中石油和天然气行业的成本利润率高达58%，高于一般竞争性行业7～8倍，收益的主要部分来源于自然资源。我国银行业也是一个集中程度高、竞争程度低的行业，而且基准利率由央行制定，其利润得到行政保证。2011年，银行业净利润高达1.04万亿元。再加上其他资源性和垄断性行业，这些行业每年超额利润合计当在2万亿元以上，但只承担与竞争性行业相同或类似的税负。现行税制没有针对垄断利润的税种，针对石油和天然气的资源税税率经过改革也仅为从价的5%，大部分资源收益仍归企业支配，而且该项税改未涉及煤炭等行业。这方面的税制缺失，是导致资源性、垄断性行业与竞争性行业之间严重苦乐不均的根本原因，使垄断性收益分配不当，并通过多种渠道转化为少数人的灰色收入，滋生出大量腐败现象。

现在新一届领导班子开始了新一波的反腐败浪潮，受到了各方面的欢迎和好评。其实腐败还只是非法的权力滥用，而特权是合法的权力滥用。因为特权是法规承认因而可说是合法的。而反腐败要深入，最后肯定要触及特权。

我们原来的财政分配体制是向特权倾斜的。所以，反腐败的深入必然要碰到对特权的限制，而这，正是对该领域进行改革的真正阻力。

四、阻力在哪里

当前中国财税改革面临的主要阻力，毋庸讳言，就是现行财税体制培育的特权阶层及其既得利益集团和群体，而且这些既得利益集团或群体，早已开始固化，他们大多通过违背公正平等基本原则，过多占有和享用了社会其他群体创建的物质财富及精神财富。

这些食利者既得利益集团或群体，具体说，可分为以下三类：

第一类是由各级官员构成的权力既得利益群体。这一群体的财税特权，一方面来源于制度性的安排，另一方面来源于权力拥有者滥用权力所致。前者如职务消费、医疗特权及其自由裁量权等，后者主要是指腐败、寻租等侵权行为。总体而言，由于财税权力有效监督制约体系的缺位，当下中国官员主导型的财税体制，逻辑上都会首先从制度上给予各级官员特殊的利益。这也是当前千军万马争当公务员的根本性制度诱因。

第二类是指依靠财政供养的既得利益群体。这类既得利益群体，诸如事业单位等一切靠纳税人税款供养的既得利益群体，其财税特权主要表现为：虽不如官员的权力特权大，但却因为长期被国家财政供养而形成了顽固的惰性与特权心态，大多不愿主动放弃现有的财税特权。在本单位系统内，权力的执掌者也为所欲为，滥用权力，也腐败寻租，虽其权威不如党政部门的权威大，却是导致纳税人负担加重的主要群体。目前，全国事业单位人数占财政供养人数的80%。寄生性的懒惰习惯，基本上让这一群体成为纳税人财富的无谓耗费者，也成为社会变革的阻力者。

第三类是由国有垄断企业造就的垄断利益群体。这一特权利益群体，主要源于他们对全体国民生产与生活资料资源的垄断，源于他们对全体国民利益的掠夺式使用和剥夺。背后的基础，则是国家权力的垄断。通过国家权力，他们把本该属于全体国民拥有的资源，在国有的名义下，划归为某个部门或单位的群体独自享用，甚至成为个别领导的“小金库”。长期以来为社会诟病的国有垄断企业的高工资、高福利、奢侈浪费等问题，无不是这一既得利益群体不公正占有社会其他群体资源的反映。自然，出于利益的考量，这一群体也会自觉、不自觉地成为现有财税体制改革的反对者和阻挠者。道理很简单，改革则意味着他们当下福利的减少，特权的削减。

大致说，若以财税改革可能伤及的利益群体而言，上述三大群体，当是现行财税体制改革面临的主要阻力。可想而知，有这样一个庞大的既得利益群体，要想通过一场财税改革消减它们的利益，难度是不言而喻的。

整体而言，财政、税收是政府调节市场经济运行过程中一些“盲区”的有效手段。财税的合理循环应当是从市场中来，到市场中去，即通过一定的税收所积聚的财政资源，政府合理地进行支出，包括公益性设施建设、城市整体环境改善、转移支付以缩小贫富差距等等。这样的以社会整体和谐存在为目标的财税制度，才算是健全且合理的。

决定中国财税体制改革向前推进的力量，在于如何鼓励、激发、动员体制内外群体的力量，特别是广大纳税人群体的力量，以期消解既得利益群体的阻力。中国纳税人的意识目前大多停留在利益诉求层面，仅仅在于税负的“谁负”等事关切身利益的涉税问题方面，因此，对关系所有纳税人基本权利保障的体制建设方面，往往自觉、不自觉地忽视。一句话，缺乏对优良财税体制自觉追求的原动力。或者说，最大限度汇聚纳税人力量，抗衡既得利益群体的阻挠，将是未来中国财税体制改革面临的主要任务。没有强大的纳税人维权压力，中国财税体制改革的推进不可能获得显见的效果，必将继续在低位挣扎和徘徊。

第13章
教育改革关乎未来

Urgent Reform

对我们现今而言，教育承载的内容过多过重。单纯的学校、老师，已经无力改变该领域的诸多不合理现象；简单的素质教育，无法消弭千百年来的教育欠账，更无法担负起中国民族伟大复兴之重任。

一、“灵魂建筑师”与“诗人”

青春、梦想、校园、友情……当我们看到这一连串美丽的词汇时，脑海中一定会浮现出自己过往岁月中很多美好的片段。年轻的面容、宽广的操场、整洁的教室、温馨的宿舍……

当然，除此之外，还能忆起那一个个为自己授业解惑的老师。

记得自己曾经在和一个朋友聊天时，他提到了自身的十年毕业感触。他曾梦想成为著名的建筑师，十年后，就在他和我相聚的当下，他确实实现了“建筑师”的梦想，只不过，并非楼宇建筑师，而是人类的“灵魂建筑师”——教师！

“灵魂建筑师”这一美誉，赋予了教师这个职业无上的荣耀，而且也将教育提升至一个新的高度。教师所肩负的使命，被赋予了更多的内涵。

这个朋友对自己所从事的行业十分热爱，但言谈中却夹杂着些许无奈。似乎教育的现状以及其间的艰难与他当初的想象相差甚远，或者说，讲台上的他，与台下的学生之间的关系，似乎已经被固有的教育体制所决定且固化，甚至所扭曲。他所崇尚的思想自由和心灵解放，似乎并未由于自己的些许努力而有所改变。同时，应试教育也在不断地改写着他的激情和梦想。从另一个角度来看，他其实和台下的学生一样，共同“受教”于这种固化的教育体制，均是固有模式下的“莘莘学子”。

纵观中西方教育，中国和西方在人才培养上有一个根本的区别，西方是讲成长，是按照效仿自然的法则，按照受教育者的兴趣、志愿、选择来培养，不受外界的干预；而我国教育理念的源头是塑造，把受教育者当作原材料放入标准的模具当中进行打造，小孩接受父母的塑造，各类学校接受国家教育部统一标准的塑造，其结果就是导致我们学校没有特色，学生没有个性、没有创造性。

以大学为例，中国大学的教育是大一统的体制，惯于大包大揽教育领域一切教育资源和决策与管理权。教育部近些年推出了许多教育工程，而教育工程多，教育计划性强，这是典型的计划经济思维在教育战线上的表现。

康德是世界上第一个回答大学是什么的人，他说“大学是一个学术共同体，它的品性是独立追求真理和学术自由”。可见我们对这一点的理解有很大的偏差，我们的实际行动与这样的观点更是相去甚远。

法国的哲学大师雅克·德里达曾经对大学独立发表他的观点，“大学是无条件追求真理的地方，不仅相对于国家是独立的，而且对于市场、公民社会、国家和国际市场也是独立的”。

二、教育资源的分配不均

当我们对我国教育现存体制评头品足之际，不能忽略其另一大问题，那就是教育资源的严重分配不均。

教育资源的分配不均不仅指国家分配不均，各省市分配不均，而且还有城市与农村教育资源不均，优势资源似乎一边倒地面向环境各方面都较好的城市，广大农村却少有人问津。大家扎堆进城市，农村教师的辛酸很少有人提及。大多数人对于农村教师有歧视性，使得少数农村教师另谋出路。教师资源的分配不均，资金的分配不均，教学设施的落后及农村各位家长思想观念的落后，使得农村教育停滞不前。

我们不得不承认目前农村的教育资源现状并不理想，我国农村人口的教育任务之重不言而喻。在农村，尽管人们也知道通过知识可以改变命运，可以报效国家，然而当孩子们由于上学而加重了家庭生活负担时，许许多多的农村家庭不得不算笔“经济账”，进而对教育产生畏惧感，唯有敬而远之。而当孩子大学毕业，又开始为一份合适的工作而苦恼时，更使农民对上学产生了深深的失望。

让我们走进下面这个山区，看看这个地方的教育现状：太行山海拔1443米的石崖山上，有两所小学、两位老师和40多名小学生。全村80余户200多口人，分别分布在不同的12个自然庄上，庄与庄之间最远相隔5公里，最近的相隔2公里。整个山庄上共有40名小学生，设立着两所小学，一所小学一位老师，分别负责6个自然庄，孩子们上学多则要走5公里，少则也要走2公里，而且是踏着繁茂的密林在山崖上穿行，在他们中间最大的14岁，最小的不超过7岁。

对于城区的教师而言，或许已经桃李满天下，但是对于在这里任教的老师，自己的学生甚至小学毕业后就再也没有离开过大山一步，日复一日地伴着太阳起落而辛苦劳作。这和这里的实际生存压力息息相关。

说到这里，网络上流传着一个很形象的故事：从前有个老人去一个山沟沟，看到一个小男孩在放羊，于是就问放羊的孩子："你放羊为了什么啊？"放羊娃回答道："养大了卖掉挣钱！"

"那你有了钱想干什么呢？"老人继续问道。

"为了娶媳妇！"孩子回答。

"那娶媳妇是为什么呢？"老人接着问。

"生儿子放羊！"

质朴的令人心酸的回答，着实反映出我国某些偏远地方的悲凉现实。现实生活的穷困，让大部分的山区孩子无法享受到应有的教育，而只能是形成一种恶性循环。很多家庭，为了一个孩子上学，只好忍痛让其余的孩子辍学。

过重的经济负担和传统落后观念，滋长并加重了"读书无用论"思想在农村蔓延。一位农民的话具有一定代表性，他说："读书仅仅是识字、算账。念多了有什么用呢？花一大笔钱，最后会有什么名堂？"在这种观念主导下，一些农民的教育思想依然停留在"识字"、"算账"上。

当前农村教育资源配置不足，以致学校设备差、师资力量差、学生很难继续深造，从而只能从事简单体力劳动。农民工要实现自身体现，必须依靠社会垂直流动渠道。而社会垂直流动渠道通常是同个人的学历、知识水平和个人能力高低相联系。农村青年人受教育程度差，又缺少专门的职业技术教育，因此社会垂直流动渠道实际上是对他们关闭的，导致他们自身遭遇就业、收入的不平等，而他们的下一代仍然要面临不平等。

教育，影响着一代又一代的人。好的教育，可以使一个民族变得强大。农村教育影响广泛，关系农村经济和社会发展的全局，同时，教育的进步和完善，不仅可以提高国民素质，增强综合国力，而且中华民族的伟大复兴的钥匙，其实就隐藏着这里。现代文明基石之教育，应成为我们今天改革的重点领域。

三、走出历史，脱离政治

让我们将话题引回到第一节中所提及的教育体制上面来。当我们褆到我国教育体制时，众人头脑中反映出的便是应试教育以及素质教育这些耳熟能详的字眼。然而，教育体制的改变，仅仅是停留在这个层面吗？

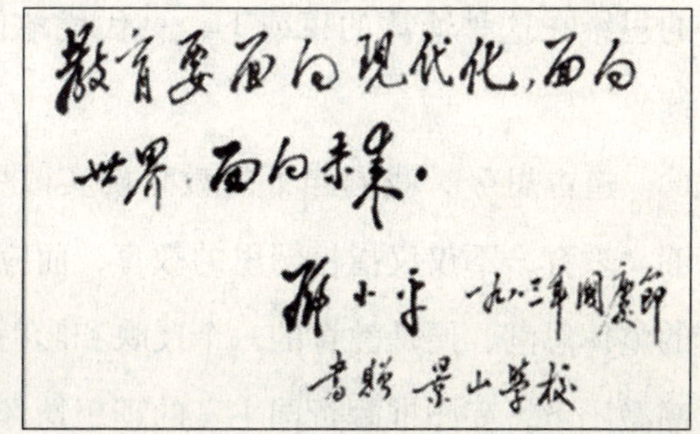

笔者的父亲也是一名教师，一直以来，从他口中听到最多的关于教育的词汇便是：素质教育。笔者曾经深深地以为，将简单的应试教育改为素质教育，更多地发挥学生的创造力就能使我国的教育事业更上一层楼。但是，渐渐的我明白，所谓素质教育，也仅仅是我们教育领域改革的一小步。

当我们将眼光放宽，就会发觉，教育其实是从我们呱呱坠地开始，至我们离开人世而终。所以，教育这个字眼，不是学生的“专利”，也不应当被框死在象牙塔之内。

教育，从古代私塾里“人之初，性本善”的朗朗书声里走来，走过自己的青涩年华，历经历史的风雨洗礼，至今，已经没有了年少的单纯，换来的更多的是沧桑，拖着沉重的枷锁一路走来，满身尘土。教育在社会发展过程中所充当的角色以及所应发挥的作用被扭曲，而作为教育的对象——知识分子，其命运紧随世事而起起伏伏，或喜或悲，在沉重的过往、纷繁的现实中不断碰撞。

中国古代不乏励志的关于教育的故事，“悬梁刺股”、“萤囊映雪”等被中华文化奉为圭臬，但也有相反的极端事例，包括始皇帝的焚书坑儒、清初的文字狱……

同根历史，几段浮沉。当今社会的几多文人雅士之辉煌，难以掩盖历史上令人痛彻心扉的知识摧残。

我国历史上，千余年来，教育都在为上层建筑服务，泯灭了自身的独立思想。从隋兴起的科举制，教育便被附上了一把枷锁，踉跄前行。人们的思维在这种藩篱的束缚下，一代代地传承，封建皇权从而得以不断延续。

追古思今，我们当下的教育确实改变且进步了很多，但是还远远不够。教育，不仅仅指校园里的教育，而应充盈整个社会运行过程中。社会的整体思潮，便是教育的一个反映和影射。我们不难想象，在民族主义热潮激励下，妄图推翻帝国主义的理想情怀背后，是怎么样的教育环境。我们也可以想象，在从抵制日货到街头打砸抢的演变，背后又有多少值得肯定的理性成分。

对我们现今而言，教育承载的内容过多过重。单纯的学校、老师，已经无力改变该领域的诸多不合理现象；简单的素质教育，已经无法消弭千百年来的教育欠账，更无法担负起中华民族伟大复兴之重任。

如何实现中华民族的伟大复兴？可以说，从目前开始，切实地抓好教育，实现教育的真正改革，还原其本质意义，才是实现中华民族伟大复兴的基础和开始。伟大复兴不是一个简单的过程，而是通过几代人的努力而逐渐积淀形成的。所以，口号不应误导我们急功近利，我们再也不要妄想用十几年的时间完成别人上百年而完成的工程，何况是涉及灵魂的工程！

教育的目的，在于合理地看待自己和这个世界，在于能够更好地融入世界而不是相反。我们似乎依然没有从那个“热情似火”的革命年代走开，我们似乎依旧钟情于意识形态的对抗，而在虚拟的冷战阵营前痴迷徘徊……

我国目前的教育，除了在现有体制以及教育资源分配上有待完善以外，还应当更加独立，即教育和利益脱钩，和政治分离，走出历史，走向未来。

结语

我的“中国梦”

Urgent Reform

2014年3月，我国召开十二届全国人大二次会议和全国政协十二届二次会议，两会涉及我国不同行业的诸多改革议题。对于两会的召开，各个行业、各个阶层的人皆抱以期待，因为它寄托着国人太多的梦想，那是我们期盼已久的“中国梦”。

随着中国改革进入深水区，如何突破利益固化的藩篱，让改革真正触及灵魂，迎来彻底的重大转身，越来越值得我们深入思考。

回过头来看，自1978年以来，中国共产党的历届三中全会也都成为关乎国家命运转折的历史节点。35年前，十一届三中全会作出以经济建设为中心的战略转移和改革开放的重大决策，从此启动了中国发展最大的动力引擎。中国改革开放经历30多年扬帆远航，劈波斩浪，如今驶入深水区，各种利益交错，问题矛盾复杂，观念认知偏差，社会活力消损……

唯有再次启动改革，才能处理好复杂的利益矛盾。例如，加快民主化、法治化进程，冲破体制弊端与观念障碍，让公共话语权不被权力话语束缚；重新激发中国经济活力，摆脱既得利益集团的捆绑等等。这一切，都是改革的命题，都需要寻求更加平衡的话语权，建立更加公平公正的利益分配机制，形成更具普适性的价值文化认同，从而对重大利益关系进行调整。

中国改革的最大动力，也只能来源于觉醒的民意。向往民主政治，期待市场公平，渴望法治公正，追求文化自由，这一切，本身既集纳于最为普遍的民意之中，也谙合中国的改革框架和制度理念之内。更为重要的是，通过充分尊重民意，让民意与权力话语、垄断话语平等博弈，才能真正厘清政府与市场、社会边界，使当下改革摆脱被各种既得利益集团捆绑的困局。

笔者以“中国梦”结尾，其实更多的是希望我们的“中国梦”能够伴随着我国的改革进程而逐渐实现。在拙著通篇的有关改革话题的探讨中，其实也均是对“中国梦”的探寻。

梦想，并非感性，而应是一个十分理性的词汇，更多地含有对现实的审视和拷问。如果我们总是有梦，现实却无处将其安放，那么，这不仅令人沮丧，更是一种残忍。

纵观我国目前社会存在的诸多弊病，究其原因，在于体制的滞后。这不仅阻碍了社会的进步，而且在转型期产生了大量的不公，导致了权贵与大众两大阶层之间权责的落差。落差越拉越大，弊病在不断滋生和蔓延。延伸到某个领域，某个领域便会或多或少地“变形”。

在扭曲的经济体制下大放异彩的发展模式，本身存有问题。当我们认识到了这一点，就会明白，经济的持续快速增长并不重要，重要的在于，首先这样的增长是在一个公平的环境下进行的，也就是我们所说的效率必须建立在公平的基础之上。同时，社会大众在经济增长中应享受切实的利益，即民众的生活水平与整个国家的经济发展应该同步。否则，主次颠倒，必然产生混乱，最终产生严重的问题。

当诸多媒体热衷于探讨中国经济总量何日能够超越美国成为世界第一的时候，我们更应该冷静地反思很多年前的大跃进时代。超英赶美的漫天标语，依然如同昨日一般，历历在目，清晰鲜明。我们的祖国，作别古老的辉煌已经很久很久，这其中的缘由，究竟有多少是外力的阻碍，又有多少是内力的掣肘？其实，我们仔细想想，答案就在眼前。伟大的中华民族的复兴，或许就在我们真正认识残忍现实的基础上，才能缓缓到来。所以，今天以及明天，我们不要赶英超美的光环照身，不要屡创新高的摩天楼的风采，也不要N多神舟火箭升空时的雀跃。

笔者也有自己的“中国梦”，这个梦已经梦了许久：

我有一个梦，梦想着有一天，我的孩子能够健康成长，不再受到应试教育的打磨而失去了应有的色泽；

我有一个梦，梦想着有一天，全家人能够幸福地住在宽敞明亮的房子里，不再为了拥有自己的家而几十年背上“房奴”的悲摧名头；

我有一个梦，梦想着有一天，能够随同父母妻儿一道去远方郊游，而不必担心被包裹在质量不断恶化的空气中，乱了呼吸节奏；

我有一个梦，梦想着有一天，在温馨的家里和家人一起享用美味的饭菜，而不必忐忑于三聚氰胺之类的东西会随同饭菜一并下咽……

笔者的“中国梦”很小，小到了生活琐事，小到了柴米油盐。然而，我并不认为这个梦想与宏大的国家梦想比起来有多么的庸俗、渺小和荒诞。相反，这个梦想的真实性和紧迫性，比所谓宏大的国家梦想更加令人期待。而且我还知道，只要每个人的小小梦想能够得以实现，那么宏大的国家梦想或将不再遥远！

后记
Afterword

这部书稿写写停停，伴我度过秋冬，陪我走到春夏。与我第一部著作《快速读懂世界经济格局》相比，写得更加艰难。一个原因在于，工作的事务缠身，难以抽出时间来静心地思考和写作；另一个原因则是：中国改革，是一个相当严肃的话题，不能任笔墨在稿纸上信马由缰。

同时，改革亦有其永不会褪色的鲜活性，这源于它可以寄托人们很多在现实社会中没有实现的愿望。各种从古至今的被人们津津乐道的故事，或多或少也都与改革相关联。改革，仿似一部舞台剧，一晃千年的时光，当我们今天再去回顾历史会发觉，这部剧换了演员，但是，剧本似乎并未有太大变动。这部剧的主旨便是，协调不同阶层之间的利益，缓和社会矛盾，以社会大多数人的利益出发而进行社会运转结构的修正！

度过了无数个日日夜夜，我终于在键盘上敲下“后记”两个字，此时心里有些释然，亦有了期待。释然于自己有了更多的时间可以自由支配，期待于我的文字能够与读者再次形成共鸣。

愿我的文字能够与您进行心灵上的沟通。您能喜欢本书，是我的夙愿以及荣幸。最后，祝愿您的人生更加精彩！

作者

2014年6月

今阅·图书

cheerfulreading

延伸阅读

《大国空巢》ISBN 978-7-80234-856-1

人口研究领域最具争议的人物——易富贤先生的最新力作。本书对中国计划生育政策进行了彻底的反思和系统的批判，是不得不读的人口学经典。

《中国不一样》ISBN 978-7-80234-891-2

本书通过一种远距离观察中国的理论视角，将读者心目中非常熟悉的中国，变成了一个多少有些“不一样”却更加逼真的中国！

《三九集团重组实录》ISBN 978-7-80234-945-2

本书作者为三九集团重组当事人，全程参与了三九集团重组工作。作者以实录的形式向我们全面、详细地介绍了国资委拯救三九集团的全过程。

《超越授权：自我管理时代的到来》ISBN 978-7-80234-942-1

自我管理是一种人道、高效的管理方式，在国内的影响力也不断增大，海尔、联想、汉庭等公司正在不断学习并将其运用到实践当中。

《中国经济：盛世下的阴影》ISBN 978-7-80234-948-3

本书旨在透过当下中国经济的不同截面，进行全景式、立体式的扫描，以期撕开仍被盛世光环笼罩的经济疮疤。

《这个国家会好吗》ISBN 978-7-80234-808-0

本书从经济视角入手，力图解释中国崛起的原因，并回答“中国会好吗”这一世纪之问。本书涉猎内容甚广：贫富分化如何产生、市场有哪些缺陷、地方政府如何定位……

《金融极权》ISBN 978-7-80234-811-0

本书通过全面、细致、深刻的分析，告诉了我们美国之所以能够主宰世界的奥秘所在。原来，金融能够发挥出超乎我们想象的巨大能量。

《正能量投资学》ISBN 978-7-80234-919-3

本书通过讲故事、谈心理、做测试等通俗易懂的方式，希望读者明白一个再简单不过的道理：与专业知识相比，投资更需要的是眼界和心态。

《供应链为王》ISBN 978-7-80234-854-7

本书揭示了中国企业与欧美和日韩企业商战中的弱点，指出了中国企业应如何在“狮狼”合围下成功实现供应链突围。

《经济运行图：还原经济生活的原貌》ISBN 978-7-5177-0005-0

本书对当今经济运行中大众关心的主要经济问题进行了较为系统的解释，让您更加清晰地认识整个社会的经济运行规律。

《权力与“笼子”》ISBN 978-7-5177-0004-3

本书通过对大量资料的梳理，既总结了县委书记落马的十大缘由及落马县委书记的九大特征，又总结了落马县委书记的教训和启示。

《中国 Hold 住了：潜流涌动的中国经济》ISBN 978-7-5177-0033-3

本书的核心着眼点是人民币汇率以及美国牵头搭建的两个国际贸易新平台。本书从中国的汇率制度与国际贸易发展入手，涉及金融改革、经济结构调整等内容。

《中国经济究竟处在什么位置》ISBN 978-7-80234-892-9

本书讲述和分析了当下中国经济的严峻现实，系统地回答了一系列与我们生活息息相关的经济问题。

《资本的力量》ISBN 978-7-80234-825-7

本书详尽地阐述了国内企业进行股权投资活动时，在“募、投、管、退”各个环节的实际操作模式，并对股权投资过程中可能涉及的相关问题作了详细分析和研究。

《无知的经济学与中国经济》ISBN 978-7-80234-896-7

本书系统批判了新自由主义经济学，强调我们处在一个结构复杂、不断变化的系统中，不存在一个万能的理论。

《世界经济大战》ISBN 978-7-80234-900-1

在中国崛起的历史关口，回望列强昔日“奋斗”之路，正视美国今时“称霸”之术，论其成败得失，当使国人自省自强，重返世界之巅。

《期货往事》ISBN 978-7-80234-918-6

这是一个期货人根据亲身经历改编的关于期货的故事，你可以在书中了解期货的运作原理和规律。

《中国经济盛世背后》ISBN 978-7-80234-855-4

本书从人们的日常经济生活入手，分析了当今中国经济盛世背后的诸多问题，指明了我们与世界存在的巨大差距，告诉了人们盛世背后的冰冷真相。

《中国离世界还有多远》ISBN 978-7-80234-851-6

“盛世”中的中国和危机中的西方依然存在巨大差距，这种差距的缩短非短期能实现。本书客观地分析了这种差距，并对未来中国经济的转型和发展提出了建设性意见。

《大通胀时代的投资真相》ISBN 978-7-5177-0036-4

本书从人们耳熟能详的“通货膨胀”这一关键词入手，为大家详解了当代世界的经济规律，指出了人们不同投资方式的优劣。

《中国创投20年》ISBN 978-7-80234-708-3

本书对中国创投行业20年来的起落沉浮做了全景式系统描述。李开复、沈南鹏、江南春、薛蛮子等众多创投行业“大佬”关注本书，纷纷推荐，为国内创投类图书少有现象。

《老板到底要什么》ISBN 978-7-5177-0045-6

本书的目的就是要帮助年轻的读者更好地认识自己，更好地了解行业的趋势，更好地了解职位的要求，找到求职的着力点。

《人口危局》ISBN 978-7-80234-933-9

本书从众多人们耳熟能详的人口问题入手，细致地分析了那些听起来有道理的论断是多么荒诞。

《中国网络舆情风云》ISBN 978-7-5177-0055-5

本书以新旧媒体为立足点，全面展现了社会各界媒体的舆情导向能力，深入分析了近年中国社会若干大事件的始末，并提供了深刻理性地舆情分析和舆论导向。

《中国经济突围》ISBN 978-7-5177-0039-5

中国经济增长的外部约束与内部困难相继浮现。如何顺利实现经济转型，从而实现经济突围是当前中国经济首要解决的问题。

《全球博弈：中美关系改变世界》ISBN 978-7-80234-447-1

本书是对国际政治宏观格局的把握，围绕中美关系考察当今的世界权力结构。以中美关系为线索，分析全球博弈之特点，推演世界大潮之动向。

《资本的傲慢》ISBN 978-7-80234-735-9

这是一本写给决策者和平民百姓的书。从行为经济学的运用入手，告诉了我们，30多年的改革开放到底带给了我们什么。

《2020，我们会不会变得更穷》ISBN 978-7-80234-736-6

这是一本全面系统地读懂中国的书。本书以百年的视野看当代中国，为您提供了宏大而精深的视角。在这里，读懂中国，看透未来，认清使命。

《中国经济大洗牌》ISBN 978-7-80234-755-7

本书从财政结构、宏观经济调控、新能源以及世界经济的发展等方面入手，探讨了中国经济转型的方向，分析了中国经济的前世今生。

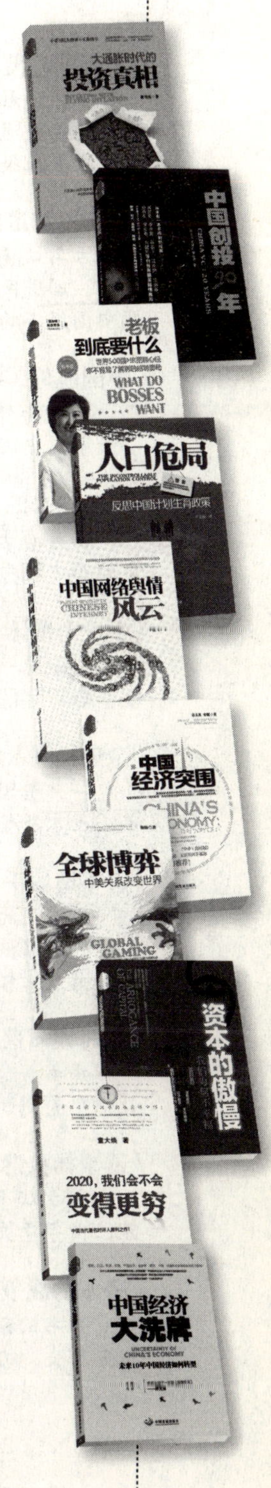

《大变局时代，我们怎么办》ISBN 978-7-80234-758-8

“凯迪社区”浏览量过千万，帮你清晰把握时代脉搏。一本信息量巨大的经济通俗读物，人人都能读懂！本书实为深入解读中国经济问题和把握未来投资趋势的难得力作！

《你所不知道的冰冷经济真相》ISBN 978-7-80234-759-5

本书从宏观经济政策解读入手，先后分析了 GDP 保 8 背后的就业压力，国进民退的结构性原因等众多经济社会问题，力图为读者展现一幅中国经济的宏观画卷。

《中国航母》ISBN 978-7-80234-763-2

中国为什么要造航母？中国为什么长期造不出航母？一本书让你全面了解中国航母。

《包装出来的“西方文明”》ISBN 978-7-80234-769-4

西方自古就比中国强吗？西方一直就是那么文明吗？颠覆你印象中的西方文明。

《下一个泡沫》ISBN 978-7-80234-788-5

与泡沫一起膨胀的是人们的贪欲，与泡沫一起破灭的是人们的希望。告诉你经济兴衰的规律。

《金融之巅》ISBN 978-7-80234-795-3

一部美国投行的兴衰史！告诉你高盛、摩根士丹利、美林、雷曼兄弟、贝尔斯登的起起落落。

《看不清的手》ISBN 978-7-80234-944-5

看不见的手（市场）会失灵，看得见的手（政府）会出错，现实中的经济更像被一只“看不清的手”所操控。本书会告诉你后来者如何在这场身处劣势的竞争中反败为胜。

《快速读懂世界经济格局》ISBN 978-7-80234-796-0

本书帮你解决对经济不“感冒”、一看财经频道就想睡觉的问题。让你感觉到读懂世界经济格局并非那么难。

《谁来拯救世界经济》ISBN 978-7-80234-810-3

本书从个人选择与现代经济的运行机理出发，解释失业、贫富差距、债务危机以及经济大萧条等社会最关切的经济问题。

《资本的战争》ISBN 978-7-80234-932-2

本书回顾了中国股市几十年来关于举牌的各大事件，分析了其中的成败得失，力图为您展示一幅中国股市举牌案例全景图。